LA FIN DU SENTIMENT AMOUREUX

DU MÊME AUTEUR

romans

SOPHIE OU LA RIVE DROITE, J.-C. Lattès.
LE CŒUR NET, La Table ronde et La Petite Vermillon.
LA CHINOISE, Albin Michel.
FEU DE PAILLE, Fayard et Livre de Poche.
LES ÉVÉNEMENTS DE 67, Plon et Presses Pocket.
HISTOIRE DE FRANCE, t. 1 : *Saintonge*, Fayard et Livre de Poche.
HISTOIRE DE FRANCE, t. 2 : *Les Derniers Jours*, Fayard et Livre de Poche.
HISTOIRE DE FRANCE, t. 3 : *Madame est morte*, Fayard et Livre de Poche.
PEOPLE, Fayard.
CHAMBRE D'HÔTES, Fayard et Livre de Poche.
LA GRANDE FORME, Fayard et Livre de Poche.
SISTERS, Fayard et Livre de Poche.
CAPITAINE TROY, Fayard et Livre de Poche.
CHARMANT GARÇON, Fayard et Livre de Poche.
LES IMMEUBLES WALTER, Fayard et Livre de Poche.
MINTY, Fayard et Livre de Poche.
UN ESPION TROP PARFAIT, Fayard et Livre de Poche.
ROI DE MAJORQUE, Grasset.
L'ENNEMI DU BIEN, Grasset.

(suite en fin d'ouvrage)

STÉPHANE DENIS

LA FIN DU SENTIMENT AMOUREUX

roman

BERNARD GRASSET
PARIS

ISBN 978-2-246-83912-5

Le train avait commencé par ralentir, comme s'il redoutait assez légitimement de s'engager dans l'immense plaine d'Europe centrale à l'endroit où elle hésite à continuer. Puis il était reparti, avant de s'arrêter tout à fait. Il semblait s'attendre à une attaque soudaine, et, selon l'homme entre deux âges qui jusqu'ici avait gardé le silence, c'était bel et bien ce qui pouvait arriver.

— On n'entend rien, on ne nous dit rien, qu'en pensez-vous ? demanda la jeune femme.

À ses yeux, les cheveux poivre et sel garantissaient une certaine compétence dans les aléas de la vie et les incidents ferroviaires.

Ils avaient partagé le même compartiment au départ de la gare. Tandis que le jeune couple s'interpellait en français, elle manifestant visiblement tous les signes de la déception, lui trouvant que ce n'était pas si mal, leur aîné s'était barricadé derrière un vaste journal hongrois aux petites lettres pointues. Toute son attitude prouvait qu'il n'entendait pas se mêler de leur conversation. C'est pourquoi l'arrêt du train et le grand silence qui l'avait suivi, modifiant leurs positions respectives, s'étaient conclus par l'abaissement du journal hongrois et l'inévitable question de la jeune femme.

Elle était très jeune, peut-être autant que lui. Ils semblaient très neufs. Leurs vêtements étaient ceux de la jeunesse internationale et leurs visages, sains et bien nourris, de l'Europe de l'Ouest.

— On pensait qu'il s'agissait de l'Orient-Express, dit-elle pendant que ses yeux faisaient le tour du décor défraîchi, pelucheux et radicalement soviétique où des girandoles de supermarché jetaient des lueurs vacillantes.

— Eh bien, c'est certainement ce qu'ils ont voulu, répondit-il charitablement. Sans doute de vieux wagons rachetés et mis bout à bout derrière une locomotive à vapeur. Les Russes ont gardé plusieurs rames du véritable Orient-Express après la guerre. Elles pourrissaient depuis 1939, jusqu'à ce qu'un Américain ne les restaure et relance la ligne, la vraie.

— Je les pensais mieux que ça. On parlait d'un luxe inouï…

— C'est que ceux-ci sont faux. J'imagine qu'un entrepreneur très entreprenant a voulu reprendre le truc avec un minable coup de peinture sur une de ces vieilles machines blindées que les staliniens réservaient à leur usage personnel. Votre ami aurait dû se méfier en sachant que l'affaire est ukrainienne. Le propriétaire est paraît-il ministre dans leur gouvernement.

— Figurez-vous qu'il n'y a pas pensé, dit-elle en désignant son compagnon. On est en voyage de noces, précisa-t-elle pour ajouter à son désappointement.

— Ça ne figurait pas sur le dépliant, plaida le jeune homme. Il y avait écrit « Mirages de l'Orient » ou quelque chose comme ça, sur une photo du wagon-restaurant, avec des femmes en robes du soir et des flûtes de champagne.

— Alors, c'est raté. J'ai bien une robe dans mon sac... Je me demande s'il y aura du champagne.

Désireux d'échapper à l'empilage des preuves sur ce qui ressemblait à un irréfutable échec, son compagnon émergea de tentatives infructueuses de dialogue avec son téléphone. Il bougonna, puis se leva :

— Ni wi-fi, ni réseau. Je vais voir s'il existe, ce wagon-restaurant. Et puis, on aura des nouvelles.

Ils restèrent silencieux, regardant par la fenêtre le paysage sans forme ni couleurs où quelques bouquets d'arbres squelettiques traçaient des coups de crayon.

Il reprit son journal et la lecture d'un article consacré à un chef d'État disparu ; trois colonnes dont l'auteur parlait principalement de lui. Il passa à une autre page consacrée aux chances de la paix, mais on ne précisait pas exactement où.

— Vous croyez qu'il y en aura ?

— Je vous demande pardon ?

— Du champagne.

— Oh, sans doute. Du champagne hongrois, probablement. Ils n'ont pas le droit d'en faire depuis que les Français ont renoncé au tokay ; c'était donnant-donnant, mais les Hongrois, comme d'habitude, ont pris un bout sans rendre l'autre.

— Pourquoi comme d'habitude ?

Il replia son journal et répondit avec patience.

— Depuis qu'on leur a fauché les deux tiers de leur pays en 1920, ils estiment que c'est toujours à eux que l'on doit quelque chose.

Elle parut s'interroger sur l'identité des ravisseurs avant de hocher la tête.

— Vous êtes très calé, dit-elle. Les trains, le champagne, l'histoire et tout ça. Vous êtes prof ?

— Non.

— Alors vous êtes dans le commerce ?

Il rit. Il la trouvait sympathique, cette fille. Elle n'allait pas avec son compagnon. Elle était trop fraîche.

— Non plus. En tout cas, pas celui-là. Je suis fonctionnaire des Nations unies.

— Vous voulez dire quoi ?

— L'ONU.

Elle parut étonnée.

— Ah. Mais alors, qu'est-ce que vous faites dans ce train des voyages de noces ? Vous venez de vous marier ?

Ce n'était pas possible ; il était bien trop vieux.

— Je l'ai été.

Il ne pouvait s'empêcher de lui répondre. Elle était si directe !

— J'ai pris ce train parce qu'il était le seul qui permette de rattraper l'express pour Prague, dit-il en maudissant la nécessité qui l'avait obligé à quitter le plus vite possible un pays où tout prend des heures et des jours. On m'a volé ma voiture à Prsesta.

— Vous n'avez pas de jet ?

— Non. On se fait des idées sur les missions diplomatiques ; c'est la faute de toutes ces images où l'on voit le secrétaire d'État américain sautiller en descendant de son avion. Je n'ai pas de jet, et les lignes aériennes régulières sont interrompues à cause de la guerre. J'étais venu en voiture. On l'a volée le soir de mon arrivée.

— Vous n'avez pas pris vos précautions, dit-elle avec satisfaction.

Le dépliant le précisait en lettres capitales : ce sont des pays où il ne faut pas voyager en voiture.

— Oh, si. Je l'avais garée dans la cour du palais du gouverneur. Je suppose qu'il l'a volée lui-même. J'ai bien vu que son chauffeur tournait autour. Elle était neuve, voyez-vous. Peinte de frais avec U N en bleu sur blanc. Ils se contentent d'effacer les lettres, ensuite ils les revendent à la frontière. Les Russes en achètent beaucoup. Vous pouvez même passer commande en précisant le modèle. Ils les repeignent ensuite. Très efficace, en fait.

— Tout de même, dit-elle. Une voiture de l'ONU…

Elle était choquée. Elle regarda la porte mais son espoir n'alla pas plus loin que le couloir.

— Il ne revient pas.

— Il doit y avoir vraiment un wagon-restaurant. Peut-être fait-il des connaissances ?

Elle étala ses jambes. C'était une grande fille.

— Sûrement. Il copine avec tout le monde. Après, on ne pourra plus s'en débarrasser. À l'hôtel, il a passé la nuit avec des clients du bar.

On sentait que ce n'était pas sa conception d'un voyage de noces.

— Vous êtes mariée depuis longtemps ?

Elle rit.

— On ne l'est pas. On devait le faire à Venise, au consulat. Une idée à lui.

— Vous n'aimez pas Venise ?

— Si, bien sûr. Enfin, je ne connais pas, mais tout le monde aime Venise, non ? D'ailleurs il ne connaît pas non plus, alors qu'il en parle sans arrêt. Je n'aime pas qu'on parle des choses qu'on ne connaît pas. Tenez, ces gens au bar, il doit leur raconter Venise.

Quelque chose n'allait pas. Il se souvenait de son propre voyage de noces, le premier, qui lui paraissait, malgré les années, plus enthousiaste.

Il n'eut pas le courage de se replier derrière son journal. Il n'y avait qu'une plaine vide autour d'eux et elle était plongée dans la contemplation de ses baskets. Pour l'heure, il était son seul horizon.

— Que fait-il ?

Elle leva les yeux, surprise :

— Eh bien, il picole au bar. Ça me paraît clair.

— Non, je veux dire : que fait-il dans la vie ?

— Il est géomètre. C'est comme ça que je l'ai connu. Je suis archéologue, ajouta-t-elle avec fierté.

Elle se reprit.

— Enfin, je suis encore étudiante. Faut être honnête. Je travaille dans l'équipe du professeur Brose. Vous le connaissez ? Il fouille Sâmamzit.

— Je connais Sâmamzit. J'y suis resté en panne d'essence, il y a déjà assez longtemps, après le coup d'État.

Elle rit.

— Les voitures et vous, ça fait deux !

— C'est vrai... ça m'a coûté ma montre. Trois Touaregs, des trafiquants qui m'ont dépanné, avaient d'abord dans l'idée de m'égorger sur place, mais finalement ils se sont contentés de ma montre. Un cadeau de ma femme. Le prestige de la marque, sans doute.

— Vous l'aimiez ?

— Eh bien, oui. À cette époque, il ne me restait plus que la montre.

— Non, votre femme ?

Il hésita. Pourquoi avait-il envie de lui répondre ?

— Après tout, commença-t-il, nous en avons pour un moment et vous n'avez pas l'air pressée de rejoindre votre copain.

— Pas du tout pressée. C'est à lui de le faire, non ? Un voyage de noces ? Je me demande même si je ne vais pas sauter du train.

— Je ne vous le recommande pas. Il peut y avoir plusieurs raisons à son absence mais il y en a certainement une à notre arrêt ; une alerte au survol de drones, parce que nous sommes assez près de la frontière orientale ; une panne, mais on nous l'aurait dit ; un coup de main en vue sur le train me semble le plus plausible.

— Vous voulez dire qu'ils attaquent les trains comme dans les westerns ?

— À peu près, sauf qu'ils ne sont pas à cheval. Ils bloquent la voie au régulateur, montent à bord, emportent ce qu'ils peuvent avec un faible pour les bijoux, les téléphones et les devises. Il y a trois semaines, ils ont rançonné le rapide moldave. La mention « Express de l'Orient » que cet abruti à fait peindre en lettres d'or sur le wagon-restaurant a dû leur faire l'effet d'un sucre d'orge. Ils adorent les sucreries.

— Mais alors, on va y passer ?

Elle s'émouvait. Imbécile, se dit-il, rassure-la. Elle a vingt ans.

— Ce serait fait, sauf s'ils sont en retard… Le chef de train a probablement reçu l'ordre d'attendre la cavalerie. Il y a des hélicos dans le Nord. Un vol suffit à éparpiller leurs Mercedes noires. Je les ai vues une fois, on dirait le convoi d'un dictateur coréen.

— C'est qui, ils ? Des Moldaves ?

— Dans le coin, allez savoir qui est moldave et qui ne l'est pas… La situation est changeante ; la géographie aussi. En fait, ils ne savent pas exactement eux-mêmes. Ça ne les empêche pas d'être extrêmement patriotes. La patrie est un pur état d'esprit ; j'ai compris ça depuis longtemps. J'ai grandi en Afrique du Sud, ma mère était hongroise, j'ai vécu un peu partout où l'on peut habiter, mais je n'ai rencontré que des patriotes. Sauf en France, ajouta-t-il avec un geste dans sa direction. Pourquoi voulez-vous sauter du train ?

Elle secoua la tête.

— Je vous le dirai plus tard. Peut-être. Quand je saurai pourquoi. Parlez-moi de votre femme.

— Pourquoi ?

— Je vais me marier. Je ne connais rien au mariage.

Elle était désarmante.

— Quel est votre prénom ?

— Calliope. Je sais, et ne me dites pas que l'Antiquité va bien avec l'archéologie. Je suis née dans l'Olympe et j'ai grandi chez Racine. Mon père était agrégé de Lettres classiques. J'ai échappé à Andromaque grâce à ma mère qui l'a menacé de divorcer s'il persistait à voir en moi la veuve d'Hector.

Elle parut réfléchir.

— Ils l'ont fait, bien sûr. De divorcer.

— Le tout est de se séparer au bon moment. Je félicite vos parents d'avoir attendu ; Andromaque ne m'aurait pas plu. Je l'ai toujours trouvée emmerdante, abusive, boulet avec son lardon sous le bras. Tandis que Calliope a quelque chose de bondissant.

— Oui, eh bien je l'ai assez payé à l'école. Calliope, salope, je vous passe la suite. On devrait se débarrasser de ses parents avant la naissance.

— Je vous suivrais là-dessus. Et je sais de quoi je parle.

— Ah oui ? Comment vous appelez-vous ?

C'était le moment difficile. C'était toujours le moment difficile malgré les années ; aujourd'hui que tout le monde s'appelait par son prénom, il se répétait impitoyablement.

— Oh… Munzu.

— Munzu ?

— Munzu. Ma mère, expliqua le diplomate résigné, était éprise d'un célèbre militant de la cause noire à l'époque où nous habitions Le Cap. Il s'appelait Albert Munzu. Une sorte de prêcheur avec un poil de Gandhi et la voix de Martin Luther King. Elle aurait pu m'appeler Martin, elle m'a appelé Munzu.

Elle le regarda avec cette conviction que donne la certitude quand on ne peut l'exprimer.

— Pourtant…

— … je ne suis pas noir, acheva-t-il.

— Ça ne fait rien, dit-elle.

— N'est-ce pas ? Mais là où ma mère a vraiment eu un coup de génie, c'est que mon père, issu d'une famille de paysans de l'Ariège, s'appelait Munzu. Caton Munzu. Il y a un tas de Munzu au pied des Pyrénées, tous farouches républicains. J'ai donc été déclaré sous le nom de Munzu Munzu. Ma situation s'est améliorée quand je suis entré aux Nations unies où l'on n'est pas regardant sur le choix des prénoms et des noms, c'est même paradoxalement devenu un avantage, mais le chemin a été long jusqu'à ce havre de paix. J'ai longtemps fait croire à ma femme qu'il s'agissait d'une erreur d'état civil, mais je voyais bien qu'elle en souffrait, malgré ses idées révolutionnaires.

— Comment s'appelait-elle ?

— Elle se nommait Stella ; je l'ai connue au lycée et nous avons très vite été amoureux. Je ne crois pas que vous ayez entendu parler de ses parents, même si son nom vous est familier, mais il s'agissait d'une des familles les plus connues d'Afrique du Sud, aussi haute dans la société que la mienne restait au ras du bitume. Ce détail aura son importance.

Les parents de Stella portaient un de ces noms qui servent aujourd'hui à désigner un objet universellement courant ; il n'ajouta pas qu'ils restaient aussi, quatre générations après le créateur de la dynastie, des descendants de pionniers imbus des préjugés de leurs origines, tandis que les Munzu regrettaient de n'être que des produits d'importation à la fois rejetés par les Noirs et par les Blancs. Ingénieur des travaux publics, son père était le plus malheureux de cette situation qui, dans un pays coupé en deux, l'empêchait de s'asseoir avec bonne conscience dans l'autobus tandis que sa mère se réfugiait dans la pieuse certitude que tous les hommes sont frères et l'espérance qu'ils s'en apercevraient un jour. La jeunesse de Munzu avait été humiliée par l'attitude de ses parents dont il méprisait la faiblesse et la crédulité, sans que leur vie privée pût racheter leurs manquements publics : aucun geste, aucun sourire, aucune chaleur n'attestaient qu'ils eussent pris du plaisir l'un à l'autre. Très vite, il s'était écarté aussi bien des codes de la société que de la foi, développant son goût du corps féminin dans un désir confus de possession et de découverte d'un pays inconnu.

Il avait eu quelques occasions avant de rencontrer Stella, puis elle avait représenté son idéal, car Munzu Munzu était un irréductible du sentiment amoureux, un de ces hommes qui ne changeront jamais, même à l'âge ou tout s'émousse, les sens comme l'intérêt que l'on prend à la vie. Son amour de Stella était total ; il aimait tout en elle dans une perspective d'éternité de l'amour, comme on adopte une position et n'en changerait pour rien au monde. Cela lui permettait d'en parler avec franchise : il connaissait son sujet.

— Stella, donc, était au-dessus par naissance et égalitaire par conviction, heureuse coïncidence qui lui permettait de jouir de sa situation en toute tranquillité d'esprit. Je ne l'aurais jamais fréquentée sans le lycée français où nous étions tous deux inscrits, elle par snobisme et moi parce qu'il était gratuit. Ses parents ne me voyaient pas d'un mauvais œil – ils ne me voyaient pas du tout.

— Ils se sont opposés à votre mariage ?

— Bien sûr. Mais qu'elle fût riche et moi pauvre ne fit que renforcer ses sentiments, et ses revenus, puisque revenus il y a eu, n'ont jamais été un obstacle entre nous. Cela s'explique par le fait que nous avons toujours vécu sur mon salaire. Si son amour du genre humain n'avait pratiquement pas de limites, sa conception de l'égalité, qui s'exprimait de tant de manières quand elle regardait le journal du soir, n'allait pas jusqu'à payer sa part du loyer – mon chéri, puisque tu as une indemnité – ni celle des frais du ménage – tu sais bien que je ne fais jamais les courses, je ne sais pas compter, Zuzu !

— Était-elle jolie ? demanda la jeune femme, qui songeait à l'essentiel.

— Très jolie, très fille du Cap, avec de longues jambes comme les vôtres et un bon mouvement au tennis. Je n'avais aucune envie d'entrer au service de sa famille ; la bonté des gens très riches ne va jamais jusqu'à la reconnaissance. S'ils franchissaient le pas, je suppose qu'ils ne se sentiraient plus différents des autres. Je me préparais donc à végéter dans la vente d'automobiles d'occasion lorsque je fus sauvé, littéralement sauvé, par un camarade de classe devenu, grâce à une de ces promotions éclairs propres aux pays lointains, chef de mission à l'ONU. Je suis entré dans l'Organisation comme dans la Légion étrangère, sans savoir ce que j'allais y faire et, bien que je n'en aie toujours pas une idée très précise aujourd'hui, je bénis chaque jour qui passe la poignée d'idéalistes qui l'ont créée au nom, bien sûr, de leurs intérêts bien compris. Mon métier me permet de m'intéresser à mes semblables sans être contraint de les appeler mes frères, comme Stella, en même temps qu'il ne m'oblige pas à réussir dans ce que j'entreprends ; il me fournit l'oxygène de l'optimisme tout en me protégeant de l'illusion des enthousiastes. Je me souviens d'avoir juré, en prenant mes fonctions d'assistant, de « m'efforcer de satisfaire les aspirations les plus élevées des populations du monde » ; c'était devant le secrétaire général de l'époque, un Autrichien dont on ne saurait jamais, par la suite, s'il fut un apôtre de la paix ou un criminel de guerre.

— On peut être les deux ?

— Certainement. Tous les dictateurs que je connais pensent être des bienfaiteurs de l'humanité ; l'affaire se résume aux moyens qu'ils emploient. Je pense que ce pauvre homme avait fait comme tout le monde, c'est-à-dire qu'il avait survécu. Quoi qu'il en soit, il devint mon chef suprême et vénéré, certes de loin, mais je n'oublierai jamais qu'il a dit oui à mon recrutement. Je n'ai même pas été obligé d'être ambitieux ; à l'ONU on grimpe les échelons en suivant des lettres majuscules et je m'approche gentiment du sommet, après, bien sûr, de longues années d'apprentissage. Je crois que je n'en aurai jamais fini. Il y a tant de crises internationales ! En vingt ans, j'ai dû passer un mois par an dans mon appartement de New York, et pourtant il donne sur le parc. Il faut dire que mon camarade de classe, après avoir été ministre, ambassadeur, directeur général, gagné le pouvoir, perdu le pouvoir dans son pays et même dans d'autres, a toujours gardé son influence à l'ONU avant d'en être, voilà cinq ans, nommé secrétaire général ; j'ai souvent pu choisir mes missions, c'est-à-dire mes voyages. Un détail qui a eu son importance dans ma vie conjugale, j'allais dire les trois.

— Trois femmes ? Vous avez été marié trois fois ?

Elle n'en était qu'au premier ; il lui ouvrait des perspectives.

— D'une certaine manière, oui. Pour que vous compreniez, il faut savoir qui était Stella. C'était une fille qui avait besoin de s'éprendre. Elle s'était éprise de moi et s'y jeta à fond, ce qui dura environ six mois après notre mariage, puis elle s'éprit d'une cause. Elle pratiquait l'engagement comme un sport de haut niveau et je pense qu'il lui rendait le même service ; elle pouvait se dépenser en se faisant du bien. Elle épousa la cause qu'elle avait sous la main, celle des Noirs, ce qui était assez pratique puisqu'elle jouait à domicile. Et j'étais d'accord avec elle, bien entendu. Lorsque vous êtes marié, il n'est pas mauvais d'avoir des convictions communes, à condition de garder le reste pour soi ; cela fait un terrain de jeu balisé, si je puis dire, où l'on peut se retrouver en toute tranquillité. Ce fut après notre départ pour New York que son champ d'investigation s'étendit à une zone plus vaste qui préfigurait le combat d'aujourd'hui en faveur des minorités. Stella était un précurseur dans bien des domaines ; elle devait le rester, comme j'allais m'en apercevoir.

Pour l'heure, elle se consacra à de nombreuses manifestations dont le thème allait des droits civiques au refus de la guerre en passant par la libéralisation du cannabis, la démission des présidents successifs, la condamnation des expéditions américaines à l'étranger et, naturellement, des votes du Conseil de sécurité de l'organisation où travaillait son mari. Elle me rendit vite responsable de ce qui n'allait pas aux États-Unis où les sujets de polémique se renouvellent tous les dix ans, comme s'il fallait absolument relancer l'aveuglement d'un pays puritain. Nous n'avions pas d'enfant et la plupart de nos amis attribuaient l'activisme de Stella à l'absence de maternité, mais moi qui vivais avec elle, je savais que la naissance d'un fils ou d'une fille n'aurait rien arrangé. Elle se serait simplement éprise de la cause des enfants et Dieu sait ce qui aurait pu arriver.

— On devrait tout savoir avant de se marier, dit la jeune femme.

— Je ne crois pas. Autrement, on ne se marierait pas. Le mariage est un instinct qui pousse les êtres à s'unir pour assurer la perennité de l'espèce ; je ne suis pas certain que l'instinct résiste à trop de réflexion. Il est vrai qu'il a longtemps été encadré par la religion ; il n'en va plus de même aujourd'hui. Mais il est également vrai qu'il n'est plus considéré comme éternel, irrémédiable, autrement dit. Stella et moi ne nous sommes jamais posé la question ; le mariage était comme la rougeole, une fois qu'on l'a eue, c'est pour la vie.

— C'est Ben qui tient au mariage, dit-elle.

— Ben ?

— Benjamin. Il n'aime pas qu'on l'appelle Benjamin.

— Peut-être tient-il au mariage à cause de Venise, dit Munzu le conciliant. Je me souviens que nous sommes allés aux chutes de Victoria parce que nous l'avions vu dans un film. Nous les connaissions déjà mais nous ne les avons pas revues de la même façon. Ensuite nous sommes allés à Paris où il y avait grève sur grève et tant de manifestations que nous ne sommes pratiquement pas sortis de l'hôtel. Les musées étaient fermés et il n'y avait pas moyen de trouver un taxi, mais cela, bien sûr, ne fut pas une nouveauté. Aimez-vous Ben ? L'aimez-vous en dehors de Venise et du voyage ? Vous semblez bien assortis, comme disait ma mère à regret en nous voyant, Stella et moi.

Elle se leva, alla à la porte du compartiment.

— Ils pourraient au moins nous dire quelque chose, non ? Il doit bien y avoir un responsable, dans ce train ?

— Il est probablement claquemuré dans la locomotive, à moins qu'il ne se soit enfui, comme les autres passagers s'ils sont originaires du coin. J'aperçois un poteau et une route sur la gauche, cela veut dire une direction où aller ; c'est tout ce qu'il leur faut. Ils ont tellement l'habitude de déguerpir qu'ils iraient n'importe où. Ce n'est pas comme dans notre Europe, voyez-vous ; on n'a pas encore tué ce qui leur reste d'initiative. Parlez-moi de Ben.

— On s'est connus à Sâmamzit. On dormait sous des tentes dans le désert et tout ça. C'était romantique. Quand on est rentrés à Paris, on avait tant l'habitude d'être ensemble qu'il a emménagé chez moi. J'espère repartir cet été là-bas, et la mission de Ben est terminée. Il a donc été convenu que je finirai mon semestre et qu'on se marierait avant la nouvelle campagne de fouilles, parce que Brose, si l'on venait de se marier, accepterait Ben dans l'équipe. Les fouilles sont dirigées par un jésuite de l'université de Carthage ; on ne peut pas dire qu'il ait l'air d'un curé. Il est plutôt libre et tout ça. Mais Brose, non. C'est un bizou, Brose, mais il est réac. Pas d'amour sans la bague au doigt.

— Une suite logique, dit Munzu. Un charme nous emporte ; nous n'y résistons pas.

Le professeur Brose est l'alibi qu'il vous fallait pour vous décider. Mais vous manquerait-il ? Ben ? Par exemple, voilà un certain temps qu'il est parti, vous manque-t-il ? Souffrez-vous de son absence ? Physiquement ? Vous savez bien, quand on cherche mécaniquement quelque chose que l'on a dans la tête ?

Ou que l'on a eu dans son lit, ajouta-t-il.

Elle réfléchit. C'était une des caractéristiques qu'il commençait à apprécier le plus chez elle ; elle affrontait la réalité.

— Ça m'énerve qu'il ne soit pas revenu, mais bon. Il fait tout à fond, vous comprenez ? Il baise à fond, il se cuite à fond, il se barre à fond. Il se marie à fond, donc à Venise. Ça m'a plu, chez lui.

— Donc vous pensez qu'il vous aime à fond. Comme Stella, vous vous souvenez ?

— Voilà.

— Et vous avez envie d'être aimée.

— Pas vous ?

— Je ne crois pas. Ce qui me plaisait, c'était d'aimer Stella. Voilà ce qui me plaisait.

— C'est la même chose.

— Bien sûr que non. L'amour était un plaisir, pas un don. Lorsqu'elle a commencé à se préoccuper davantage de la cause que de moi, je ne me suis pas senti abandonné. On ne me privait pas de quelque chose. Ce qui s'est passé est très différent ; elle est devenue insupportable. L'orage éclata le soir d'un dîner ; si vous êtes en même temps à New York et à l'ONU, vous recevez à dîner. Ce soir-là, j'avais invité un prince arabe assez dans les petits papiers de son père pour avoir été envoyé à New York ; ce père avait d'innombrables fils mais celui-là lui plaisait particulièrement. Comme prince il flattait Stella mais comme Arabe il heurtait ses convictions. Elle avait prévu de donner son jambon au madère et quand je lui fis remarquer que le porc ne me paraissait pas indiqué, elle répondit qu'on doit manger de tout quand on est bien élevé. Je n'ai jamais compris pourquoi certaines religions empêchent de manger certaines choses mais les chrétiens font bien carême, ce qui revient au même ; se rabattre sur un autre plat est une pratique constante de la diplomatie et je le proposai à Stella. Mais Stella était le contraire de la diplomatie. De toute façon c'était trop tard, le cuisinier avait reçu ses instructions et le jambon attendait dans la glacière ; un jambon de Virginie, bien entendu. Il ne faut jamais les mettre au congélateur. Ils sont les meilleurs et bien que la Virginie soit la patrie du général Lee, Stella faisait une exception. Le jambon au madère était le plat que notre cuisinier, un extra arraché à prix d'or aux maîtresses de maison de la 72e Rue, réussissait à merveille ; c'était même sa spécialité. Changer le menu le jour du dîner lui ferait certainement rendre son tablier, il n'y aurait pas de dîner et la guilde des cuisiniers nous rayerait de la liste des hôtes fréquentables ; il était même possible que son avocat nous fît un procès.

À sept heures du soir, la situation était particulièrement tendue. Enfermée dans sa chambre, Stella s'habillait en silence tandis que, rôdant autour de la cuisine, je humais le parfum du madère. Le prince avait fait ses études à Stanford et était considéré comme un des meilleurs joueurs de poker du Proche-Orient ; il avala son jambon sans mot dire mais je vis qu'il nous regardait d'un air perplexe tandis que Stella mettait la conversation sur les droits de l'homme et l'esclavage des travailleurs immigrés dans les palais du Golfe. De mon côté, je la trouvais effroyablement raseuse – les autres invités aussi. Même sa voix était devenue pointue ; la soirée qui suivit fut lugubre, Stella ayant embrayé sur la question palestinienne sans ménagement pour Emma Samuelson ; elle préside une de ces œuvres qui plantent des arbres autour de Jérusalem.

Où était la jolie fille du Cap ? En allant me coucher dans mon bureau, je compris que je ne pourrais plus l'aimer dans toutes les petites choses de la vie et comme je ne voulais pas me déjuger, ni être désagréable avec elle, j'ai demandé à être rapidement envoyé à l'étranger.

Il y eut un choc, et le train repartit.

Il roulotta pendant une ou deux minutes, durant lesquelles ils n'osèrent parler ; ils retenaient presque leur respiration.

Calliope pensait aux garçons qui avaient précédé Ben et les classait sur une échelle dont il était encore le sommet quand ils avaient pris le train. Elle procédait avec méthode en grattant dans ses sensations comme dans la terre rouge de Sâmamzit, et comme à Sâmamzit sa précision était à chaque fois déroutée par un détail, une circonstance qui ouvrait son cœur. Elle avait oublié ceci avec celui-là, elle avait oublié cela avec celui-ci, gardant entre ses mains la petite graine du souvenir comme un tesson de terre cuite extirpé du chantier. Et comme les tessons qui n'avaient pourtant guère de valeur elle ne voulait pas la jeter. Si elle s'y résolvait, ce serait pour reprendre tout de Ben. Son idée de Ben. Munzu était un salaud, le train était un salaud. Ils faisaient exprès. Le train était un piège, l'histoire de

Munzu aussi. Heureusement, on roulait. Elle allait chasser tout ça, jeter les graines par la fenêtre.

Puis le train eut un hoquet, et il s'arrêta.

— Raté, dit Calliope.

— Au moins ce n'est pas une attaque, dit le diplomate expérimenté.

— C'est le train qui a une attaque ! ricana-t-elle. Je me demande où est Ben. Il est capable de foncer dans le tas ; je serai veuve avant d'être mariée, et j'aurais voulu voir Venise ; ça a l'air si triste, à la télé.

La rassurer, d'abord. Ensuite, continuer son histoire, puisqu'il l'avait commencée. Après tant d'années d'hôtels dans des endroits perdus, d'interprètes approximatifs et de promesses non tenues, Munzu Munzu avait appris à ne se confier qu'à des inconnus. Ils vous délivrent de vos confidences – et vous ne les verrez plus jamais.

— J'obtins facilement une mission au Cachemire. J'avais demandé Beyrouth où l'ONU avait un fort détachement ; les Américains et les Français venaient d'y être victimes de terribles attentats et les camps de réfugiés du Proche-Orient nécessitaient une aide massive. Depuis 1949, nous avons bâti là-bas une multinationale de la charité, l'Office des réfugiés, et comme partout la moitié de l'aide internationale y sert à enrichir les potentats locaux et les chauffeurs de camions avec la complicité de nos soldats, en l'occurrence des Népalais qui peuvent ainsi envoyer de quoi vivre à leurs familles ; nous empêchons moins les guerres que nous ne les entretenons. Mais on m'expédia d'abord aux Indes.

Lorsque j'arrivai à Jammu pour une mission d'inspection, le temps semblait y être suspendu dans une sorte d'intérim. Vous connaissez ces endroits où les rivaux se font férocement face dans cet étrange climat de douceur qui suit les armistices, que la tempête se soit apaisée ou que les armes se soient tues ? On a le sentiment de l'immensité ; tout y a été, y est et y sera toujours impossible.

— Il y a eu une grande bataille à Sâmamzit. On voit très bien l'endroit dans un reg en forme d'assiette. J'y vais parfois le soir ; on a toujours l'impression que les deux camps sont là, prêts à se jeter l'un sur l'autre.

Stella savait par cœur ce qu'il s'était passé dans le reg ; elle n'était pas encore prête à le raconter à un inconnu. En fait, elle n'en avait jamais parlé.

— C'est exactement ça. Mon travail consistait justement à discuter avec les uns et les autres dans un exercice de diplomatie pure et sans espoir de résultats, rythmé par des escarmouches de montagne qui leur permettaient de s'entretuer discrètement sans entraîner une guerre générale. Le chef de mission, Olaf Seborg, était du type Ingmar Bergman, et je plongeai dans le côté j'écoute-plus-que-je-ne-parle du diplomate débutant.

Comme je le pressentais, Stella n'avait pas voulu m'accompagner. Elle se croyait enceinte et se consacrait totalement à son état ; son admiration pour l'accouchement des femmes hopis dans les champs n'allait pas jusqu'à annuler sa réservation à la meilleure clinique de Manhattan. Puis elle m'apprit qu'il n'y avait pas d'enfant et me rejoignit sur place.

Elle était fatiguée et je fus attentif, attentionné, ému par une fragilité dont elle ne m'avait guère donné l'habitude. Lorsqu'elle se rétablit, contre toute attente elle ne prit pas fait et cause pour l'une ou l'autre partie, l'Inde ou le Pakistan, mais, languide, se tourna vers les mœurs locales. Elle faisait de nombreux séjours à Srinagar dont elle s'était éprise et qu'elle qualifiait de terre sainte. Heureusement, elle ne précisait pas pour qui. Je n'ai jamais su ce qui s'était passé à New York. Avait-elle fait une fausse couche ? Décidé de ne pas garder le bébé ? « Il n'y a pas eu de bébé, Zuzu », me répétait-elle avec une mine satisfaite comme si elle s'était mise en règle avec sa conscience. Je pense aujourd'hui que je me suis trompé, que cette histoire d'enfant n'était qu'un alibi et qu'elle était déjà malade à New York sans vouloir me le dire.

À son contact, mon amour d'elle revint mais je sentis que petit à petit elle m'échappait. Il serait plus juste de dire qu'elle s'échappait. Elle passait des heures chez des brahmanes à la petite semaine et me considérait comme un malheureux matérialiste incapable de la suivre vers des horizons lointains.

En dehors du fait qu'il est assez déprimant de vivre dans un bain de généralités fumeuses qui vous donne l'impression d'avoir déménagé prématurément dans le hammam du coin de la rue, je dois dire que cette nouvelle passion me convenait ; Stella avait trouvé une autre façon de m'emmerder mais au moins nous tiendrait-elle à l'écart des enquêtes du FBI et des écoutes téléphoniques de toutes les agences de la planète. Tout allait donc pour le mieux, un mieux modeste mais vivable, sauf qu'elle ne prenait aucune précaution et fut rattrapée par l'hépatite endémique de cette région. La plupart du temps sa forme est bénigne, mais chez Stella, une contre-indication due à la maladie dont elle se croyait guérie par la prière la transforma en un processus rampant qui la condamna en trois mois, sans que les médecins de Jammu ne l'aient diagnostiqué. Il n'y avait rien à faire.

Je lui parlai pour la dernière fois avant qu'elle ne tombe dans l'inconscience en lui promettant que nous partirions pour Srinagar dès qu'elle s'en sortirait lorsqu'elle m'interrompit avec ce sourire qui me plaisait tant, au Cap :

« Ce n'est pas la peine, Zuzu. Le docteur m'a permis de vivre jusqu'à mercredi de la semaine prochaine. Il faut que je te dise que je n'ai pas toujours été honnête avec toi. Tu te souviens du jambon ? Je n'ai pas été à la hauteur, vois-tu, et même, j'ai été mauvaise. Je ne vais pas me le reprocher, mais j'en ai conscience et je paierai certainement pour mes fautes. Tout de même, je pense que je pourrai me racheter. Je crois à la réincarnation, j'ai beaucoup réfléchi à la question depuis mon arrivée ici, et sans doute obtiendrai-je une seconde chance. Un animal sympathique, ou un être d'une classe inférieure ? Fais attention en croisant le chat et donne une pièce au coolie. Tu ne sauras jamais si ta femme ne t'attend pas au coin de la rue. »

— Quelle histoire triste, dit la jeune femme. Juste au moment où vous l'aimiez de nouveau.

— En fait elle mourut le lendemain ; les médecins de Jammu n'insultent jamais l'avenir. Je pleurai son visage émacié et son pauvre cerveau embrumé avant qu'elle ne fût incinérée sur un bûcher comme elle l'avait demandé. L'éclatante Stella disparut de ma vie sur une note de sans-gêne dont je me serais bien passé, mais je ne pouvais guère lui en vouloir d'avoir été, jusqu'au bout, fidèle à elle-même.

Il y eut un silence. Le diplomate sans larmes regardait par la fenêtre et la jeune femme ses baskets bleu et blanc.

— Brûlée, dit-elle distraitement. C'est une idée. Quand on a été propre toute sa vie, enfin, quand on s'est occupé de soi, on n'a peut-être pas envie de pourrir dans un sac en plastique… D'un autre côté, tous ces bûchers doivent dégager du CO_2. Étiez-vous soulagé ? Je veux dire, avez-vous éprouvé un sentiment de libération ?

Elle pensait visiblement à ce qu'il arrive quand on saute du train. Il voyait le doute s'infiltrer en elle depuis quelques minutes, au rythme de son récit, et dut s'avouer qu'il ne résisterait pas à la tentation de continuer. Il avait menti en déclarant qu'ils semblaient bien assortis. Elle était beaucoup mieux que Ben. Il incombe au hasard de s'occuper de celui des autres ; il se sentit dans la peau du hasard.

Calliope aurait préféré que Ben garde son appartement, aussi petit et incommode fût-il. Elle rentrait des cours et le trouvait généralement en train de jouer à des jeux vidéo ; ou bien il ne rentrait pas et elle savait qu'il était quelque part avec des copains. Peut-être avec une autre fille, bien qu'il lui eût juré le contraire. Elle ne lui avait rien demandé mais il l'avait fait ; c'était compromettant. Ben essayait sans réfléchir tout ce qui passait à sa portée, après quoi il avait l'air d'un gamin penaud mais toujours confiant dans ce qui lui arriverait le lendemain. Il était impossible de lui résister quand il faisait cette tête-là, et Calliope devait convenir qu'elle ne résistait pas. « Ce n'est pas grave, tu es amoureuse », se répétait-elle comme si être amoureuse était un passage obligé de la vie ; mais qu'arriverait-il si, demain, elle ne l'était plus ? Cela n'arrivera jamais, telle était la réponse adéquate.

— J'éprouvais la douleur d'une perte, parce que j'avais sans cesse aimé Stella comme on aime à vingt ans et, je vous l'ai dit, retrouvé du goût pour elle. Son visage radieux, celui des années du Cap, me poursuivit longtemps. Je pouvais me dire que dans l'ensemble, nous avions été heureux à l'exception de ce que je ne savais pas, ce qui est le lot commun de tant d'existences ; si nous le savions, nous ne serions jamais heureux. Par exemple, le mensonge fait beaucoup plus pour la longévité d'un couple que la fidélité ; regardez les célibataires : ils ne peuvent mentir qu'à eux-mêmes et, naturellement, ce n'est jamais très convaincant.

Donc je regrettais sincèrement Stella. Comme souvenir, c'était très acceptable, si l'on oublie qu'elle avait été effroyablement chiante. Certaines femmes sont nées pour diriger la planète, intervenir, juger, censurer, mesurer, sanctionner et pardonner, et Stella était de celles-là : tout au long de notre brève vie commune, qui me paraissait curieusement, après sa mort, aussi interminable, mystérieuse et profonde que ces cours de récréation où nous avons joué à dix ans et qui sont en fait de minuscules préaux d'école, je n'avais jamais rien pu entreprendre de grand. Ce n'est pas que je sois né pour cela ni que j'y aie réussi depuis, mais je devais reconnaître que je m'étais rendu sans combattre. Lui en aurais-je parlé qu'elle m'eût sans doute répondu que cela correspondait à ma nature et que j'y trouvais satisfaction ; elle était femme à garantir à un condamné à mort que c'était pour son bien. Tout était, pour ainsi dire, de ma faute ; en psychologie masculine comme tant d'autres domaines, les bonnes proportions du martini ou la responsabilité de la Grande-Bretagne dans le massacre des Bulgares par les Turcs, Stella avait réponse à tout. Pour sa famille et la plupart de nos amis, c'était une qualité appréciable ; ils s'en remettaient malgré eux à son jugement. Elle était très admirée, voyez-vous, et j'ai toujours pensé que la popularité qu'elle avait acquise parmi nos relations provenait d'un réflexe salvateur de légitime défense : qui aurait osé la contredire ?

— Mais n'y avait-il pas, chez elle, quelque chose qui faisait qu'on la supportait ? À vous entendre, elle devait être séduisante, avoir du charisme, je ne sais pas, moi, ce truc qui fait qu'on marche ?

Ben l'avait, ce truc qui fait qu'on marche. Et pourtant, quel manque d'intérêt ! Elle se demanda ce qu'elle lui trouvait. Elle n'aimait ni ses amis, ni les jeux vidéo, ni les bandes dessinées, ni le football ; il n'aimait ni rester chez lui, ni les promenades au bord de l'Ourcq, ni les expositions. Cependant il savait beaucoup de choses, beaucoup plus qu'elle ; il la surprenait en trouvant le nom que l'on cherche, la date d'un film, la raison d'une brouille chez leurs amis. Ils l'adoraient. Ils lui passaient tout. Tout le monde aimait Ben. Sûrement plus que moi, se dit-elle, il est bien plus digne d'être aimé. Je suis sûre qu'il ne se pose pas de questions… il fait tout en jouant. Mais parfois, elle le soupçonnait de se donner beaucoup de peine sous ses dehors d'enfant prodige qui ne rate jamais un tour et attend qu'on applaudisse. C'est comme Venise, pensa-t-elle soudain : un tour de plus, un mariage réussi.

Elle s'en voulut aussitôt. La faute en était à l'histoire de Stella qui déteignait sur elle ; c'était absurde. Cependant, elle se força à écouter la suite.

— Certainement, mais elle estimait surtout que sa méthode était la bonne, puisqu'elle donnait des résultats. Je me souviens l'avoir entendue expliquer au Premier ministre comment régler la question de la passe du Pendjab ; lorsqu'il prit congé, il avait pratiquement promis de restituer tout le secteur au Pakistan. Je l'ai vu monter en voiture avec l'intention manifeste d'absorber un petit verre pour se remettre ; aux Indes, on ne sait jamais où ils en sont exactement en matière de boisson. Bien sûr Stella avait tant d'autres avantages, mais sans en avoir conscience ; elle ne les laissa jamais s'exprimer. Quoi qu'il en soit, sa conversion tardive à une nouvelle religion aurait sans doute eu des conséquences épouvantables, même si l'on tient compte de la réputation pacifique de l'hindouisme, que je soupçonne d'être entièrement usurpée. Je me souviens qu'en y réfléchissant durant sa crémation, je fus rassuré d'y avoir échappé. Cela n'empêchait pas un chagrin sincère, bien entendu. Je crois que nous sommes capables du meilleur et du pire, mais pas toujours en même temps.

— Il ne revient vraiment pas, dit la jeune femme. C'est quand même gonflé.

— Il me paraît très gonflé en général, Calliope. C'est un sportif, cela se voit tout de suite.

— Oh, il peut être gentil. Quand il y pense. Et puis j'ai besoin de lui. Je suis amoureuse. Physiquement, vous comprenez ?

Elle avait même un peu rougi. Un geste désuet qui lui allait bien, comme son jean sur ses longues jambes. Sur n'importe quelle autre femme, son jean eût été un jean de plus parmi des milliards de jeans ; sur elle, il montait au ciel.

— Mais oui. Je me suis posé la question après la mort de Stella. Je savais que je ne me remarierais pas. Il restait la perspective d'une liaison durable dans la colonie, ainsi que nous appelons le petit monde des fonctionnaires et des militaires que la charité internationale expédie aux quatre coins du monde. Il y avait aussi les étrangers qui font du business ou prêchent pour leurs paroisses. Dans ces circonstances-là c'est comme à la chasse, le territoire est limité et que voulez-vous faire après la fermeture ?, on est bien forcés de coucher ensemble. Il y a aussi les naturels du pays, mais au Cachemire ce n'est pas apprécié et cela entraîne une foule de complications, surtout dans mon métier. J'allais être nommé directeur, un échelon envié ; New York, sensible à mon deuil, me donnerait sûrement une mission de rapporteur spécial ; ce n'était pas le moment de s'engager dans de futurs adieux. Je me refusai donc à l'amour pour me contenter des hasards de la vie en m'assurant que je ne me retrouverais pas, à l'aéroport le jour de mon départ, avec un fil à la patte.

Je me rappelle une Néerlandaise, capitaine dans l'armée de son pays, et la fille d'un représentant d'Airbus ; je lui apprenais l'afrikaner. Et d'une femme-pasteur de Srinagar, qui se désespérait de l'absence de clientèle. Je découvris aussi que Pat Seborg, la femme d'Olaf, ne détestait pas arrondir ses fins de mois en acceptant l'argent de ses amants. Olaf était un luthérien de stricte obédience et Pat, membre de l'Église anglicane qui n'est en fait qu'un parti politique parmi d'autres. Le premier était aussi radin que métaphysique, la seconde généreuse et fauchée ; aussi monnayait-elle ce qu'elle avait de bon cœur. Sans compter qu'elle s'ennuyait avec son mari.

— Elle faisait la pute ? dit Calliope.

— Je dirais plutôt qu'elle ne voyait pas pourquoi on ne serait pas aussi généreux avec elle qu'elle pouvait l'être avec les autres. Bien sûr elle n'acceptait pas n'importe qui ; le côté High Church, je suppose. Et puis, il fallait lui plaire. Mais j'apprendrais plus tard que cette conversion à ce qui est, au fond, une transaction mondaine entre les moyens et les fins n'est plus réservée aux classes supérieures ; la démocratie sexuelle est bien obligée de faire des progrès depuis que les femmes ont pris le pouvoir. Cela m'ouvrit les yeux : la femme que l'on peut aujourd'hui désirer sans risque est la femme des autres.

— Et Olaf ? Il était au courant ?

— Il le savait, bien sûr, mais il ne savait jamais si celui-ci ou celui-là était l'amant de sa femme et paraissait toujours sur le point de vous poser la question. On avait l'impression qu'il réclamait sa part des bénéfices.

Quand je partis pour Kamacha prendre la tête de la mission, j'étais libre. Je fus accueilli par un ami, l'ambassadeur de France, et logeai chez lui jusqu'à ce que je trouve une maison qui me permettrait d'échapper à l'hôtel transformé en bunker où cantonnait mon état-major. Le véritable patron de la mission était comme toujours le général commandant le contingent mais le travail diplomatique était passionnant et l'aspect pratique, plus qu'absorbant. Bref ce fut une période heureuse et, je le crois, réussie de ma vie ; j'avais un travail utile, je voyais des gens intéressants et j'échappais aux jeux de couloir d'Améchanie, comme l'appelle mon ami l'ambassadeur qui y a représenté son pays : Améchanie est une déesse de l'impuissance qui ne se décourage jamais. Il est vrai que ce que nous préférons tous deux dans l'ONU, c'est son immeuble de New York.

— Je l'ai vu, dit Calliope. Près de la rivière ? Tout bleu ou vert. Il faisait très froid. C'était magnifique.

— N'est-ce pas ? Chaque fois que je le vois, je suis convaincu de la pureté des intentions de Roosevelt. Il est vrai que c'était un naïf.

— C'est Roosevelt qui l'a construit ?

— Il a créé l'ONU. Son idée était que la guerre se terminerait par une paix éternelle. Ça a plutôt été une paix américaine ; un peu comme au bord de la Corne où l'on s'attend à chaque instant à ce que quelque chose crépite quelque part. Mais entre deux rafales, le bonheur s'échappait irrésistiblement des vieux quartiers de Kamacha, droit et pur comme le building de l'East River.

Ma maison était assez vieille mais en bon état ; en fait elle avait été construite par un directeur des Douanes françaises à l'époque du protectorat, grâce aux bakchichs qu'il touchait sur le port. Pour être tranquille j'acceptai d'y abriter un garde du corps en plus de mon chauffeur, et mon ami français m'offrit un chien. C'est l'usage au Dourdar où il y a autant de chiens que de partis politiques. Ce chien était une chienne, très jolie, très amusante, de race indéterminée. Je doute qu'elle eût obtenu ses papiers au Lof ; elle venait de nulle part et s'était faufilée dans les jardins de l'ambassade de France sans que l'on sût comment elle avait pu franchir des barrières plus hautes que celles du paradis. Sa présence était un mystère mais elle avait conquis tout le monde. C'est ce qui nous arriva, si je puis dire ; je pris l'habitude de l'emmener avec moi. Elle n'avait bien sûr pas de nom mais les enfants de l'ambassadeur l'avaient surnommée Baballe, parce qu'elle sautait à tout moment.

Quand il s'agissait de monter la garde, Baballe était déplorablement nulle. Un bataillon de Shebabs aurait pu pénétrer dans la maison sans la réveiller. Si d'aventure elle entendait du bruit, elle levait la tête de son panier et, le cas échéant, léchait de bonne grâce la main inconnue qui la flattait. Un soir, j'amenai une amie à la maison.

— Quel genre d'amie ? dit la jeune femme, narquoise. La femme du général ? Celle du curé de la paroisse ?

— Les curés du Dourdar n'ont pas de femme, dit le diplomate expérimenté. Ce sont de vrais curés, en soutane, très différents du jésuite de votre expédition. Je dois préciser que j'avais été, depuis mon arrivée à Kamacha, privé de tendresse. Cette amie était une fraîche connaissance mais nous n'avions pas eu besoin de beaucoup nous voir pour savoir qu'il y avait quelque chose et qu'il ne tenait qu'à nous que ce fût entre nous.

— Je ne vous aurais pas cru aussi sentimental, Munzu.

— C'est pourtant ainsi que l'on peint les diplomates dans les romans. Mais vous allez voir que mes sentiments, pourtant… impétueux, voilà, impétueux…

— Vous vouliez la baiser, dit gaiement Calliope.

— … allaient rester, ce soir-là, à l'état de sentiments. Baballe et cette amie firent connaissance dans le jardin.

Mon amie était enthousiaste :

— Elle a un regard si humain !

Nous étions dans ma chambre quand Baballe surgit et sauta sur le lit au moment fatidique. Je crois que la pauvre fille n'avait jamais eu aussi peur de sa vie. Elle poussa un hurlement puis une série de jappements qu'on aurait pensés réservés à Baballe, tout en parcourant la chambre en trottant, renversant le mobilier tandis que la chienne lui mordait les mollets. Notre liaison ne devait jamais s'en remettre tout à fait, et mes sentiments sont restés à l'état de sentiments jusqu'à ce que je réussisse à l'emmener à l'hôtel.

— Cet amour, reprit-il amèrement tandis que Calliope se mordait les lèvres pour ne pas rire, ne devint pas ce qu'il aurait pu être. Nous ne réussîmes jamais à nous coordonner. Quand les choses étaient en train mon amie ne pouvait s'empêcher de regarder par-dessus mon épaule et je m'attendais à tout moment à l'entendre crier :

— Couchée !

De son côté, la chienne mena désormais une garde vigilante sur mes relations. Elle acceptait gaiement les militaires, les bureaucrates et les vendeurs de rue, mais se montrait intraitable dès qu'une jolie femme montrait le bout de son nez. Elle se mit à déchirer les publicités de ces magazines où des filles de quatorze ans font croire aux femmes de cinquante qu'elles ont encore un ventre plat et dévora même un portrait de la Sanctissima, vous savez, celle qu'on appelait la Madone de Beyrouth, dédicacé à mon prédécesseur, qui trônait comme une vieille lettre de rupture sur mon bureau de la mission.

Le reste du temps elle était adorable, mais sévère, ne me quittant pas du regard et manifestant clairement sa désapprobation si je me servais un verre ou avalais une brochette.

— Elle est devenue végétarienne, me dit mon garde du corps qui se chargeait de la nourrir deux fois par jour. Pas moyen de lui faire manger de la viande ; je lui fais des carottes au micro-ondes.

Un soir qu'elle avait poursuivi une jeune religieuse qui descendait la rue principale jusqu'à ce que la malheureuse force la porte de la Bascule, le plus fameux bordel de Kamacha, comme nous étions sur ma terrasse, je lui pris la tête entre mes mains. Saisi d'une inspiration irrésistible, je m'entendis lui dire :

— Pourquoi es-tu si casse-pieds, Stella ?

Qu'avait dit mon amie quand elle avait rencontré ma chienne ? Un regard si humain ? Ces mots serpentaient sans fin dans mes oreilles comme les voix off dans les vieux films.

J'étais tétanisé. Nous restions immobiles, elle sans protester, moi rivé à ces deux lacs noirs.

La chienne retira sa tête et se coucha. Elle semblait satisfaite : j'avais compris.

Indéniablement, j'avais eu tort de moquer la conversion de Stella à je ne sais quelle version du bouddhisme ; que ce soit possible ou non, elle était parvenue à se réincarner, et les dieux, quels qu'ils fussent, avaient accepté son vœu : un animal sympathique ou un être de qualité inférieure. Stella s'était métamorphosée en une petite chienne de race bâtarde, dont le caractère comme les origines correspondaient parfaitement à sa prédiction.

Si j'avais eu besoin d'une preuve supplémentaire de cette résurrection, ma jolie Baballe était devenue aussi chieuse que la ravissante Stella avait été chiante. La réincarnation s'était accompagnée d'une évolution dans une sorte de communion entre Darwin et la Bhagavad-Gita. Je la reconnaissais d'ailleurs jusque dans son sentiment de la propriété : j'étais à elle corps et âme ; il n'était pas question de me laisser courir.

Nous étions mariés.

Cette révélation entraîna chez moi une crise nerveuse qui me tint longtemps prostré, entre le songe et l'hébétude, tandis que les médecins de l'hôpital Saint-Joseph finissaient par croire que mon organisme n'avait pas résisté au spectacle horrible qu'à l'ONU nous avons trop souvent sous les yeux : des corps déchiquetés, des enfants coupés en deux, des femmes traînées dans des ruisseaux de poussière et de sang entre des cratères où volettent des lambeaux de tabliers à carreaux, sans compter ces camps provisoires qui nous donnent depuis soixante ans une idée assez précise de l'éternité.

Il fut même question d'un empoisonnement sans que l'on sache à qui l'attribuer, un mari jaloux ou l'un des clans locaux ? Les catholiques ou les musulmans ? Les partisans du général Montgomery ou ceux du général Souleiman ?

— Un mari jaloux, dit la jeune femme. Ça vous irait mieux. Il en reste, vous savez. Je me demande même si l'on vous aime vraiment quand on n'est pas jaloux.

Le diplomate dessillé sourit.

— Le beurre et l'argent du beurre ; pas de domination mais il faut garder l'exclusivité.

— N'est-ce pas une preuve d'amour ?

— C'est bien ce que je dis. L'égalité doit être parfaite avec tout de même un petit avantage accordé aux femmes, un bonus en réparation d'une éternité de domination masculine ; je ne peux pas dire à ma voisine qu'elle de beaux yeux mais il faut quand même que je porte ses valises si nous prenons le même taxi. À mon avis ces gestes d'un autre âge, la galanterie comme le jeu de l'amour à ses débuts et même la jalousie, ne survivront pas à la victoire du féminisme. La fin des jeux de l'amour signifiera la fin du hasard. Je pense qu'un jour les femmes le regretteront ; il leur manquera quelque chose. Elles ne sauront pas quoi, sauf si elles lisent de vieux livres, et rêveront de redevenir une héroïne de Balzac.

— Ou d'être sifflées dans les rues, dit la jeune femme. À Sâmamzit les garçons me sifflent quand je vais au marché. Et même les ouvriers des fouilles quand je suis en short. Un petit sifflement plein de gaieté, comme un matin où il va faire beau. Je n'ose plus l'avouer, mais ça me plaît.

— À Kamacha aussi les mœurs sont restées antiques, on y aime, on y tue et on y baise à l'ancienne, donc bien évidemment le mari ou l'amant jaloux étaient une possibilité, mais je connaissais parfaitement la cause de mon mal. Or il m'était impossible de partager mon secret, même dans un pays de sortilèges et d'esprits qui rôdent la nuit ; les médecins de Saint-Joseph auraient hoché la tête avec compréhension et suggéré à mon adjoint de ne pas laisser traîner d'objet contondant ni de bouteilles entamées dans nos bureaux. Aussi avais-je la sensation d'être incompris dans un pays de crédules prêts à admettre n'importe quoi, jusqu'au jour où les yeux si humains de Baballe posant sa tête sur ma cuisse me donnèrent ce que vous appelez une preuve d'amour : la garantie qu'elle ne me quitterait jamais. La vérité était et serait toujours de son côté. Me rappelant le principe de base de notre union du temps de New York, ne jamais mettre en doute la parole de Stella si je voulais la paix chez moi, je ne discutai plus. Alors, comme si elle me donnait le feu vert, je retrouvai mon entrain et ma lucidité.

Vous me direz qu'il n'y avait là que des coïncidences, que l'ambiance de Srinagar avait fini par me taper sur le système et que tout ce que Stella avait réussi à faire, c'était de m'empoisonner après sa mort comme elle l'avait fait de son vivant. Je me le suis répété bien souvent, mais d'un autre côté un milliard d'hindous croient à la réincarnation ; ils ont les statistiques pour eux. Vivant dans le pays il était fatal que je bénéficie de ses coutumes ; il n'eût pas été loyal de refuser à Stella les dividendes de sa conversion.

C'est alors que j'échafaudai un plan sans rien laisser paraître. Durant notre vie conjugale, j'avais été entraîné à dissimuler mon agacement lorsqu'elle débitait ses tirades progressistes ou qu'elle tranchait interminablement des droits et devoirs de tout un chacun. N'importe quel mari d'autrefois savait faire ça, et j'étais passé maître dans l'art de dompter mes sentiments communs, ceux qui s'expriment au jour le jour. Pour le sentiment amoureux, c'était moins sûr ; aussi décidai-je de le mettre en veilleuse. Sur ces bases Stella et moi reprîmes notre vie commune. Il n'y avait pas de bête plus affectueuse. Chacun se réjouissait de nous voir réunis et Stella devint la mascotte du régiment. Cependant j'attendais mon heure, c'est-à-dire le moment où sa méfiance serait suffisamment endormie pour que je mette mon plan à exécution.

Rassurez-vous, Calliope, il n'en prévoyait aucune. Je n'aurais pour rien au monde continué à vivre sous la tutelle de ma chienne, mais je ne pouvais la tuer non plus, étant donné, comment dirais-je ?, sa nature un peu spéciale. Si Baballe était ma femme, il était difficile de la réexpédier dans l'autre monde d'où elle venait d'arriver. Je décidai donc de l'abandonner au cours d'une de ces inspections aventureuses que nous menions dans le Sollo, une plaine qui servait de champ de tir à tout le monde et était, à l'époque, l'un des endroits les plus dangereux qui puissent exister en dehors des Champs-Élysées un soir de match de foot avec l'Algérie. Il y a de nombreux chiens errants là-bas, Stella ne serait pas sans auditoire ; et comme la population locale les extermine régulièrement, elle rencontrerait inévitablement son destin. Bien sûr, si elle avait choisi d'être un cheval de course, j'aurais pu l'abandonner sur la pelouse de Longchamp, mais on ne peut qualifier un cheval d'animal sympathique ; ils sont trop hauts.

Cela dit, je suis d'accord avec vous. Votre Ben se fout vraiment du monde. Enfin, de vous. Mais je vous ennuie avec Stella. Voulez-vous que nous allions le retrouver ? Le bar est peut-être un peu plus authentique que ce compartiment.

— Pas question, dit-elle en remuant les jambes.

Elle attendrait de voir si Ben reviendrait. Ce serait un test. Mais quelque chose d'aussi bête que « s'il revient, c'est qu'il m'aime » ne franchit pas ses lèvres.

— Allez-y, Munzu. Je veux savoir la suite. Ça vous ennuie si je m'allonge sur le lit ? J'ai toujours l'impression que mes jambes vont pousser si je ne les remue pas. En classe, j'étais désespérée parce qu'elles dépassaient mon pupitre, j'avais dix ans, et mes copines prétendaient qu'on m'arrosait trop.

— Elles sont parfaites. Croyez-moi, j'ai une longue habitude des jambes. Lorsqu'il se met à faire beau, je vais sur les trottoirs pour les voir sortir ; alors on sait que le printemps est arrivé. Je l'ai fait à mon dernier séjour à Paris, mais les filles de l'école de commerce sont allées prévenir un poste de garde antiterroriste qu'on les harcelait. Je n'ai dû mon salut qu'à mon passeport diplomatique et au fait que je sais reconnaître les galons d'un adjudant-chef.

Est-ce cet incident ? Il m'a semblé que Paris est moins agréable à vivre qu'autrefois ; j'ai trouvé qu'il avait vieilli et n'incite plus au badinage. On n'y voit plus que des trous dans les trottoirs et des gens méfiants traverser la rue en téléconférence avec leur cardiologue. J'avais presque honte de me sentir en forme.

— Vous êtes encore très bien, dit poliment la jeune femme.

— Merci. Ce n'est pas ce que j'ai pensé à l'époque mais il me restait suffisamment d'années devant moi pour me persuader que j'avais pris la bonne décision. Je n'ai eu aucun remords et même, j'oubliai assez vite cette gravure à la Dürer où une jeune chienne, une épouse décharnée et une épidémie rampante se donnaient la main dans une ronde infernale. Puisque je n'avais plus Stella sous les yeux, c'était comme si elle n'avait jamais existé.

Ils virent passer des employés qui couraient vers l'avant du train et le diplomate pensa au vieux 45 américain qu'il avait dissimulé sous la banquette. Calliope était certainement une cause à défendre ; dans ces occasions, Munzu le preux était incurablement démodé – aussi démodé que le métier qui l'avait choisi. Mais le wagon resta indifférent au maigre signe de vie qu'ils venaient d'entrevoir ; la nature elle-même semblait se désintéresser de leur présence. Les employés n'étaient pas revenus. On avait l'impression qu'il ne se passerait jamais plus rien. Ils étaient entrés par mégarde dans un de ces débarras que le sort réserve à ceux dont il ne veut plus et se regardèrent sans se voir, perdus dans de frais souvenirs.

— Si vous voulez boire quelque chose, dit-il précipitamment pour les ramener à la vie, j'ai de la prune locale, une réserve médicale, le secours aux noyés. C'est un peu raide mais on ne trouve rien d'autre avant Vienne. Ils doivent avoir de la vodka au bar, mais on ne sait jamais avec quoi ils la fabriquent. En

Afghanistan, je me souviens que je buvais de la vodka thaïlandaise ; allez savoir pourquoi il n'y en avait pas d'autre, sauf chez les Russes, bien entendu. Il faut bien que les Russes aient leur bon côté.

La flasque du diplomate circula d'une banquette à l'autre. Calliope lui trouva un goût de cerise.

— Toute l'Europe centrale sent la cerise en cette saison, dit-il, sauf les maisons qui sentent le chou. Cela vient du vent. J'y suis resté trop longtemps ; je ne vois plus la différence.

— Vous avez quitté le Dourdar pour l'Ukraine ?

— Non. Bien avant que n'éclate la guerre que les Américains réchauffaient sous le plateau des Russes depuis 2014, je me trouvais en Amérique du Sud, à délimiter une frontière entre deux pays au sang aussi chaud l'un que l'autre. On avait trouvé du gaz dans un endroit perdu, chacun en revendiquait la propriété, et nous avions un mandat. Le Conseil de sécurité s'était mis d'accord par miracle, sans doute parce que ses membres, pris au dépourvu, ne savaient pas cet après-midi-là qui étaient les pays en question. Tracer une frontière dans ces conditions n'est pas chose facile, surtout dans un continent où l'on fait la sieste, et je commençais à m'ennuyer ferme en faisant la tournée des bars d'hôtel quand je rencontrai le nouvel amour de ma vie.

J'avais de la fièvre, elle me fit deux piqûres et nous poursuivîmes le traitement dans ma chambre ; elle était plus grande que la sienne.

— Une Sud-Américaine aux yeux de braise, je parie. À cheval dans la pampa. Son père possédait des milliers d'hectares.

— Elle avait des yeux magnifiques, reconnut-il. Elle était belge, infirmière et soignait les maladies tropicales sur les bords du Lapopo, un fleuve capricieux dont on ne sait jamais où il se trouve exactement durant la saison des pluies.

Nous apprenions à nous connaître quand le Lapopo déborda. Au milieu de la nuit, il fallait se déplacer d'un bungalow à l'autre en pirogue et l'hôtel était cerné par les eaux. Le personnel comme les clients avaient filé avec les rares embarcations à moteur sans nous prévenir ; les seuls à se manifester furent cette militante de l'écologie qu'on appelle la Vierge parce qu'elle a seize ans et qui était arrivée la veille de Stockholm en compagnie du cardinal Bala, venu bénir les eaux en soutane incarnat. Ces deux-là se reniflaient depuis leur commun voyage en avion, si l'on peut appeler avion l'antique Fokker qui n'avait pu redécoller à cause de la brume. Bien qu'ayant atteint tous deux le sommet de la célébrité, le cardinal et l'égérie ne poursuivaient pas le même objectif ; le premier souhaitait que les flots se retirent, la seconde plaidait contre la construction d'un barrage en amont. Le rez-de-chaussée fut vite inaccessible et la crue charriant de gros troncs d'arbres ayant emporté le balcon, la décision fut prise d'abandonner le premier étage ; il restait deux chambres au-dessus. Convaincre l'écologiste et le prélat de cohabiter ne fut pas une mince affaire, mais j'allais finir par y parvenir lorsqu'une barge dérivant sur le Lapopo nous apporta quinze jeunes adeptes des Témoins de Jehovah sans compter quelques cadavres descendant le fleuve sans que leur croyance pût être identifiée.

Le chef du clan conservateur et l'apôtre de la repentance se disputèrent aussitôt les petits réfugiés au lieu de faire front contre l'obscurantisme. Ils en étaient presque aux mains quand il fallut fuir une nouvelle montée des eaux et battre en retraite vers la terrasse où un toit de tôle nous permit d'attendre l'aube à peu près au sec. Quand on put y voir clair le lendemain matin, le Lapopo était reparti aussi brusquement qu'il était arrivé et les cadavres glissaient paresseusement plus bas sur l'eau jaune. Savoir si nous devions la vie au sauvetage des âmes ou à celui de la planète était une bonne question mais il fut impossible de trancher, le cardinal et la Vierge ne s'adressant pratiquement plus la parole. Les deux me considéraient ouvertement comme le responsable de leurs malheurs, comme toujours avec l'ONU.

Avoir échappé à un si grand danger – j'ai oublié de préciser que les hippopotames abondent dans la région et qu'ils sont encore plus susceptibles que les crocodiles quand on dérange leurs habitudes – nous convainquit que nous étions faits l'un pour l'autre. Le sentiment amoureux se réveilla, et cela faillit être mon troisième mariage. Elle était catholique et comme j'étais amoureux, je promis stupidement de la conduire chez le consul du patelin nous unir pour le meilleur, le pire étant derrière moi. Je n'ai jamais su dire non dès que mon idéal était en jeu. L'ONG qui l'employait acceptait de la transférer dans un autre pays et je m'arrangeai pour lui trouver un poste. Cette fois, il n'y aurait pas de loup.

C'est au moment où, les yeux plongés dans ses yeux noirs, je la regardais jouir qu'une alarme me vrilla le crâne. Des yeux noirs !

La flasque circula dans l'autre sens. Il y eut une secousse, puis une sorte de frémissement qui parcourut l'échine du vieux wagon.

— Il éternue, dit la jeune femme.

— Il s'entraîne, l'encouragea-t-il. Ce ne sera plus long. Peut-être arriverons-nous à temps pour l'express de Prague ?

Il lui laissa le temps de saisir la proposition que recélait cette dose d'optimisme. Tout au long du récit qui leur faisait passer le temps, il l'avait vue emprunter une voie parallèle ; elle réfléchissait en avançant côte à côte de ses tribulations sentimentales.

— Au cours de la nuit, reprit le diplomate éberlué, je filai en emportant mes affaires, la laissant les yeux clos. Je ne me sentis à l'aise que de retour en Europe, dans un monde ordonné où les fantasmes et les superstitions ne sont pas pris au sérieux. Enfin, je le croyais.

On m'avait demandé de présider la session de notre organisation de secours aux réfugiés. Je m'installai donc à Genève et louai, de l'autre côté du lac, une maison d'où je pouvais prendre le bateau pour gagner le siège du HCR.

Je connaissais et retrouvais beaucoup d'amis sur place ; c'est un petit monde que ce grand univers des relations internationales. Ma santé définitivement rétablie, je pris plaisir à manger de la bonne cuisine, aller à l'Opéra et dîner dans une certaine société. Je ne peux pas dire que je revenais chez moi parce qu'il y a longtemps que je n'en ai plus, mais retrouver cette bonne vieille Europe était aussi confortable que d'enfiler un vieux pantalon de velours. Hélas, elle avait changé sans me le dire, pensant sans doute que je me conduisais en fils ingrat.

En 2017, j'étais suffisamment réapprivoisé pour tomber amoureux d'une Européenne typique, universitaire réputée, spécialiste de Nietzsche et championne de ski. J'étais allé à Klosters où je compte plusieurs amis. Monté au Kreuzweg-Schifer dans un moment de confiance en moi, je m'aperçus que j'avais perdu mes lunettes de soleil en cours de route ; je n'avais d'autre ressource que de redescendre à skis et je ne vois rien sur la neige. Il s'agissait de la dernière télécabine, les passagers s'élançaient gaiement les uns après les autres, et je me préparais à geler sur place lorsqu'une voix complaisante me demanda si j'avais un problème. Je ne dirai pas qu'elle me prit sur son dos mais elle me tendit son bâton et nous descendîmes grâce à de larges boucles dans le style des Premiers Flocons vers le Jardin d'Enfants où je pus me débrouiller seul. Je dois dire que Phili m'impressionna dès notre première rencontre. Le déclic se produisit ; elle menait une vie assez libre et nous devînmes amants, formule un peu pompeuse qui convient à l'âge que nous avions : ni vieux, ni jeunes. Discuter avec Phili et ses amis me fit l'effet d'un bain de jouvence. Je l'épousai à Klosters, au cours des vacances de Noël de l'année suivante dans un élan de foi dans l'avenir et d'éblouissement devant son intelligence. C'était, si je puis dire, une affaire à ne pas rater.

Je ne regrettai pas les vieilles civilisations où j'ai longtemps posé mon sac ; il était bon de faire une cure de cartésianisme, même dans un pays aussi peu torturé que la Suisse par le doute de soi. Mais quand éclata l'affaire du producteur américain, un incident nous opposa, le premier dans une relation aussi parfaite qu'enrichissante. À ma courte honte, je dois dire que je ne savais pas qui était ce magnat. Ma culture en la matière de cinéma s'arrête avant le générique ; je me bornai à faire remarquer, au cours d'un dîner dans la vieille ville chez des collègues de Phili, que l'actrice de dix-huit ans qui s'était rendue dans sa suite à deux heures du matin n'y était pas entrée pour découper des cocottes en papier. Je vis tout de suite que je choquais tout le monde.

Ma voisine, la maîtresse de maison, me regarda comme si elle venait de marcher sur quelque chose de pas très propre et Hans Spelling, l'astrophysicien du CERN, me fit comprendre que je lui rappelais une très vieille planète oubliée depuis longtemps. Dans la bonne société de Genève, c'était un impair monumental que Phili tenta de faire passer pour le résidu d'un trop long séjour sous les tropiques, pays des machos, et bien le genre de plaisanterie dont son nouvel amant ne s'était pas encore débarrassé.

Contrit, j'opinai lâchement en entendant mes voisins passer l'éponge par amitié et admiration pour Phili. Je sentis tout de même du froid dans mon dos, comme si l'ombre de Calvin m'était passée sur les épaules ; nous étions à deux pas du numéro qu'il habitait rue des Chanoines.

Nous fûmes invités la semaine suivante par les Spelling ; les universitaires suisses se rendent les dîners avec la régularité d'une Patek Philippe. Après le dîner où j'avais été attentif à bien me conduire, on joua aux portraits littéraires. Il s'agit d'interpréter tout en restant muet un personnage de roman célèbre, chacun faisant assaut d'érudition. Spelling attrapa un porte-plume et fit mine de s'endormir sur son canapé après avoir remonté sa montre ; sa femme diagnostiqua le narrateur de Proust et ce fut très applaudi, mais on les soupçonna d'avoir renouvelé un vieux numéro. L'épouse du doyen empoigna la rampe de l'escalier et se mit à scruter l'horizon tout en brandissant le tisonnier de façon menaçante, mais personne ne découvrit qu'elle était le capitaine Achab de *Moby Dick*. De l'avis général, elle avait voulu reprendre le rôle de Heidi quand elle ouvre son parapluie. Lorsque vint mon tour, je cherchai désespérément une œuvre qui fût à la hauteur de tant de brillants esprits. En voyant Wolfie, le chien-loup des Spelling, roupiller consciencieusement près de la cheminée, j'avais songé à Conan Doyle et au *Chien des Baskerville*, mais je compris qu'il me fallait m'arracher à mes lectures favorites sous peine de décevoir Phili. Mes yeux se portèrent sur une photo de la dernière fille des Spelling en maillot de bain ; j'empruntai à Phili ses lunettes d'écaille et me plongeai en adoration. Après plusieurs suggestions erronées, j'avouai triomphalement que j'étais Humbert Humbert dans *Lolita*.

— J'ai vu le film, dit Calliope. La fille fait trop vieux.

— Celle des Spelling aussi n'avait pas douze ans, mais mon choix se révéla une tragique erreur. S'ils n'appelèrent pas la police, en comparaison du léger froid qui s'était manifesté lors du dîner de la semaine précédente, l'atmosphère tourna à l'Antarctique. Je m'attendais à tout moment à voir les hôtes chercher leurs manteaux et à la façon dont madame Spelling répéta « N'avez-vous pas un long trajet à faire jusqu'au bateau ? », je sus que je ne serais pas réinvité.

Le retour qui suivit ne fut pas glorieux.

Je n'avais guère prêté attention aux opinions de Phili, pas davantage qu'elle ne s'était souciée des miennes. Dans mon esprit, elles étaient identiques, puisque nous nous aimions. C'était stupide.

Un long débat suivit dans la cuisine où j'avais ouvert une bouteille de vin ; lorsqu'il s'acheva, la bouteille était vide et le sol jonché des débris de mes illusions. J'appris que sa mère était femme de ménage dans une montagne perdue des Grisons et s'était saignée aux quatre veines – deux suffisaient largement – pour payer les études de sa fille, son père vacher estimant qu'elle n'aurait qu'à trouver un mari. Cela ne l'avait pas empêchée de se battre pour devenir LA spécialiste de Nietzsche.

Bien sûr, je n'aurais pas dû suggérer que Nietzsche était gâteux dès l'enfance et ses propos, comme sa moustache, hirsutes et brumeux ; de son côté je trouvais niais son retour de raquette, la sempiternelle caricature de l'ONU en pansement révélateur de l'hypocrisie occidentale. J'aurais dit pour ma part de l'hypocrisie mondiale, et me sentis obligé de défendre cette chère vieille chose des bords de l'East River. Gauchiste, féministe, radicale, la Phili de ce petit matin en devenait presque laide. Encore un propos inacceptable de mâle blanc quinquagénaire, me direz-vous, mais à l'époque je n'en avais que quarante et le fait était là.

Calliope était partagée entre la sincérité de ce récit et une évidente solidarité féminine ; il était tout aussi manifeste qu'elle connaissait la photo de Nietzsche moustachu dans les bras de sa sœur et ne voyait pas d'inconvénient à ce qu'il fût timbré. Mais elle avait son âge et ne pouvait suivre Munzu sur la visite matinale de l'actrice en herbe au producteur américain ; l'ambition n'était pas encore pour elle synonyme de compromission. Elle savait très bien que le professeur Brose la trouvait bandante, comme tous les mecs de son âge, et qu'il céderait pour cette raison à sa demande d'engager Ben, mais elle ne l'aurait pas admis en public.

Aussi écouta-t-elle la suite de l'épisode Phili avec une légère appréhension.

— Nous ne restâmes pas longtemps fâchés, reprit le diplomate éconduit. Bizarrement, Phili fit les premiers pas.

La guerre menaçait chaque jour davantage, la session sur les réfugiés passa au second plan, tout le monde était à cran ; Phili m'apportait la douceur et la sécurité morale dont ma vie quotidienne était si dépourvue. Je sentais d'ailleurs, depuis que je la connaissais, qu'elle me tirait vers le haut. Le malheur voulut qu'elle me tirât dans son sens, et ce fut la fin de mon nouvel amour. Avec une patience et une pédagogie remarquables, elle entreprit en effet de me corriger, comme elle l'aurait fait de l'exposé d'un de ses étudiants, ou plus exactement d'un jeu d'épreuves avant de donner son bon à tirer.

Physiquement, elle avait changé ; elle était un peu plus sèche, un peu moins désirable ; moins camarade, plus professeur. C'était certainement une idée de ma part, mais elle était là, cette idée, et je ne vis plus Phili de la même façon. Sans que je l'aie soupçonné elle se révélait faite pour diriger, corriger, exclure, vérifier et… Vous voyez où je veux en venir.

— Stella ? dit la jeune femme, incrédule.

— Stella.

— Mais elle n'avait pas les yeux noirs ?

— Elle portait des lentilles. Il n'y avait pas de doute, la prédiction de Jammu se vérifiait pour la deuxième fois. Après s'être réincarnée en un animal sympathique, ma femme me revenait en être d'une classe inférieure : la fille d'une femme de ménage, l'équivalent des Intouchables aux Indes.

— Merde alors, dit Calliope.

— Oui. C'est exactement ce que je me suis dit.

Cette fois, mes nerfs tinrent le coup. Je ne discutai plus avec moi-même. Il me fallait examiner la situation à fond, comme votre Ben fait toute chose. Premièrement, Stella était revenue. Deuxièmement, elle ne me lâcherait pas ; elle entreprendrait de me rééduquer jusqu'à ce que je ne sois plus qu'un pantin désarticulé. Troisièmement, je ne pourrais plus l'aimer ; il me faudrait feindre de ne pas la reconnaître dans chaque geste au lit, et l'on ne peut feindre avec son idéal ; on ne sonne pas juste. Ma vie allait être un enfer, un enfer intime et incommunicable, car personne ne s'en rendrait compte. Souvenez-vous de ses nombreuses qualités, de son mérite, de son exemplarité même ; on continuerait à me vanter la chance que j'avais eue de rencontrer Phili.

Sur la vedette du HCR qui me transportait d'un quai à l'autre, je réfléchissais à un nouveau plan tout en saluant la statue de l'impératrice Sissi, une autre timbrée. Elle avait été assassinée et c'était une solution, mais Baballe, qui n'avait sûrement pas survécu à la Sollo – autrement, elle ne se serait pas transformée en Phili, la procédure, en matière de réincarnation, est très tatillonne –, m'avait rattrapé à Genève. Si je poussais la nouvelle Stella dans le lac, ce qui est assez facile les jours de tempête, Dieu sait en quoi elle se réincarnerait pour me rendre la vie impossible. Sans aller jusqu'à constater que Stella-Baballe-Phili, dans la suite de sa métamorphose, avait conservé l'essentiel de l'éternel féminin, je me refusais à prendre le risque.

À la simple vision de ce que pourrait être la nouvelle étape, je tremblais littéralement. La première Stella, la jolie fille du Cap, s'en était prise au monde extérieur, aux causes universelles, à la marche du monde qui faisait mon métier. La seconde, aux femmes qui pouvaient m'aimer. La troisième, à ma personnalité. Ainsi Stella ne ferait que cerner chaque fois davantage mon moi profond, pour s'en assurer le contrôle. À quoi ressemblerait le troisième avatar ? Une puce dans le cerveau ?

La tuer ne servirait à rien.

Je traversai des mois difficiles, résistant de l'intérieur à l'entreprise de rééducation où

Phili se révéla remarquable, cachant mal une réelle vocation de gardienne de prison. Depuis ma désastreuse performance en Humbert Humbert – je n'ai jamais pu convaincre Phili que j'ignorais que le livre fût mis à l'index –, un de ses sujets préférés était la sexualité, forcément dissimulée dans mon cas puisque je refusais d'être homosexuel. Comme je n'avais jamais voulu essayer, je l'étais incontestablement. L'autre était la psychanalyse à laquelle je me dérobais, refusant d'affronter la réalité. Je pensais qu'elle me voulait homosexuel afin de me garder pour elle seule ; c'était toujours le même instinct de propriété qui animait Stella depuis que je l'avais rencontrée, mais ma répugnance lui sembla surtout un affront universel, un acte d'incivisme à l'égard du nouveau genre humain. Je voyais le moment où elle me vanterait les autres possibilités que l'alphabet du genre promet à un monde enfin interchangeable et tentais, moi, de changer de sujet, mais bientôt tout y passa, jusqu'à ma voiture qui témoignait à la fois d'un sentiment typiquement masculin de supériorité et de l'abaissement de la banquise, l'un étant conséquence de l'autre et réciproquement.

— Encore une voiture, dit Calliope.

— J'adore les moteurs, dit le diplomate atmosphérique, et nous avons fait de longs trajets ensemble, eux et moi, conscients de notre nature irrémédiablement condamnée. J'en suis venu à leur parler durant le trajet ; c'est vous dire que je ne sortais pas indemne des bras de Phili. Car le reste du temps elle était exigeante, copine infatigable, maîtresse toujours prête à m'accompagner dans ces virées vers la seule zone de l'amour qui n'en finira jamais de ressusciter.

— C'est ce que je disais pour Ben, dit Calliope, mais en moins compliqué. Et vous en êtes toujours là ? Baiser avec une emmerdeuse ?

Il la regarda avec espoir ; elle comprendrait.

— Croyez-vous aux miracles, Calliope ? Moi, j'y crois. Dans une de ces petites villes crasseuses du centre de l'Europe dont on n'imaginerait pas qu'elles existent encore, tourna spontanément la clef qui me libérerait. Je dois donc dire que ce fut miraculeux, car le besoin de faire des courses a étonnement survécu, chez les femmes, à l'évolution spectaculaire de leur condition. Rien ni personne ne les empêchera d'aller dans les magasins, pas même leurs smartphones et les achats en ligne qui leur permettent simplement un voyage intérieur. Ce fut ma chance et la suite, irisée, se déroula comme un tapis enchanté.

— Sentimental et poète, dit Calliope.

— Dans les pires endroits j'ai fait de mauvais vers, mais je ne suis pas Paul Claudel ; je les garde pour moi.

— Paul qui ?

— Un ambassadeur qui nous a laissé sa semence. C'est écrit sur son tombeau.

— Pour quoi faire ? Tirer un coup d'outre-tombe ?

— Probablement ; les diplomates croient à la postérité. Autrement, ils douteraient d'avoir servi à quelque chose. Mais peut-être n'a-t-il jamais tiré un coup de sa vie et a-t-il voulu se garder une chance de le faire dans une autre vie. Sa sexualité n'a jamais été bien éclaircie, comme ses poèmes.

Phili aurait dû être réincarnée en fouine tant elle fonçait, dès qu'elle était arrivée quelque part, vers la promesse d'une trouvaille ou d'une bonne affaire. J'avais renoncé à la mettre en garde et l'attendais à l'hôtel quand on vint me prévenir qu'elle n'avait pas repris le taxi qui devait la ramener en ville après une expédition dans la zone des trafics où l'on peut se procurer n'importe quoi, du missile sol-air aux fausses icônes de saint Casimir dérobées dans de vrais musées.

La police m'avoua honnêtement qu'ONU ou pas ONU, elle ne pouvait rien pour moi, tant les enlèvements étaient, dans la région, une industrie ancestrale, acceptée et rémunératrice. Je n'avais pas à m'inquiéter. Il suffisait d'attendre qu'on me contacte, ce qui ne saurait tarder après les quelques jours nécessaires à créer l'indispensable remords censé tarauder le père, le mari ou l'amant : pauvre petite femme, pourquoi, mais pourquoi, l'ai-je laissée aller là-bas ? Tout le monde prônait l'égalité des sexes mais curieusement, l'égalité des risques n'avait pas encore pénétré les esprits.

J'attendis deux semaines, après quoi la négociation s'engagea par l'intermédiaire du concierge de l'hôtel que je soupçonnais de servir d'indicateur aux kidnappeurs. Qui, mieux que lui, pouvait évaluer nos moyens financiers ?

Je rencontrai dans un café de la ville, au vu et su de tous, un Moldave – leur chuintement est reconnaissable – auquel il ne restait pas beaucoup de dents mais qui avait un solide appétit. Il me proposa de me rendre ma femme ou plus exactement de me la vendre, puisqu'elle était devenue sa propriété, pour une somme que même l'ONU ne m'aurait pas avancée.

— Très belle femme, monsieur, répétait-il en suggérant que les plus moches trouvaient preneur à vil prix.

Cette odieuse discrimination fit jaillir en moi une de ces idées qu'on regrette aussitôt d'avoir eues parce qu'on sait qu'on n'y résistera pas.

— C'est très cher mais je vais vous faire une autre proposition, lui dis-je tandis qu'il secouait la tête en signe de refus ; je vous en prie, écoutez-moi.

Je dois dire qu'il éclata de rire lorsque j'eus terminé ; c'était une canaille joviale, dans ce genre aussi familier que répugnant qui pullule sur les bords de l'Oder.

Puis nous nous mîmes d'accord, je topai et rentrai à l'hôtel en espérant ne pas avoir été suivi par la police ou l'un des sempiternels mouchards que tous les régimes attachent à nos pas ; un fonctionnaire de l'ONU est un espion en puissance. Les années passèrent, je retrouvai ma sérénité et cherchai désormais les bonheurs de l'amour auprès de ces merveilleuses filles dont c'est le métier, et dont j'ai découvert la grande égalité d'humeur. Je pense que de nombreux hommes de mon âge feront comme moi dans les années à venir ; l'amour est devenu trop dangereux pour ma génération.

— Celle du renard libre dans le poulailler libre, dit la jeune femme.

— Une formule éculée, répondit Munzu, qui oublie que les poules ont des dents. Et puisqu'il faut qu'un homme et une femme se mettent aujourd'hui d'accord sur le programme des réjouissances sexuelles, au moins sait-on à quoi s'en tenir quand on règle l'addition. Je vous assure que c'est très confortable, beaucoup plus inattendu qu'on pourrait le penser, sans compter qu'elles ne vous incitent pas à changer de bord.

— Mais pour les enfants ?

— Eh bien, les femmes les feront seules. C'est déjà bien en train. Les prémices de la guerre commencèrent à réclamer une modification de stratégie de mon département et puisque j'étais sur place, je fus envoyé vers le Nord et la frontière que je passai dans un sens puis un autre avec une désolante absence de résultat. Ils étaient résolus à en découdre, et tous les avertissements ne servirent à rien jusqu'à ce que l'ogre russe ne se décide à mordre dans la moelle ukrainienne. Il tomba sur un os et il y est toujours ; moi aussi et voilà mon histoire. Elle n'est pas très morale mais elle nous aura fait passer le temps ; on finit toujours par parler à ses voisins quand un train est en panne, et je suis heureux que ce soit vous. Irez-vous à Venise, Calliope ?

— Pourquoi Venise ?

— Parce que je pense que vous n'irez pas.

Elle rit encore ; il aimait ces moments-là.

Le train restait muet.

Calliope s'étonnait de la facilité avec laquelle son compagnon de voyage avait ouvert une porte dont elle s'appliquait depuis trois jours à se tenir éloignée. C'était une chose de parler de Venise à Paris et une autre d'être en route sans pouvoir s'arrêter ; et voilà que le train immobile semblait lui laisser le choix. Mais il fallait d'abord qu'elle en parle à Munzu. Pas plus qu'elle n'avait mis en doute l'histoire de la réincarnation de Stella, elle ne refuserait la main qu'on lui tendait.

— C'est possible, dit-elle. En montant dans ce train fantôme, je me suis demandé ce que j'y faisais ; tout s'est passé si vite ! J'ai rencontré Ben à Sâmamzit dans des circonstances assez tragiques, mais là, j'étais plutôt Iphigénie. Je vous ai dit que j'aimais me promener le soir, c'est-à-dire assez tôt là-bas. La nuit n'allait pas tarder à tomber et je rôdais dans le reg en songeant au combat des Carthaginois et des Romains ; on nous avait mis en garde contre les promenades solitaires mais à la longue, personne ne prenait cet avertissement au sérieux. Les quelques animaux sauvages qui tournaient autour de la base étaient des hyènes. Je ne peux pas dire que j'en raffole et leur cri est vraiment pénible à entendre, surtout la nuit, mais celles de Sâmamzit ont fini par nous être familières. Je m'aventurai près de ce qu'on pense être le tombeau de Phameas, un général carthaginois acheté par le Sénat romain, revenu dans son pays jouir de sa récompense avant d'être rattrapé et supplicié par les siens. Je pense qu'il n'était pas si con et qu'il est resté tranquillement au frais à Rome, mais Brose est convaincu du contraire ; il n'admet pas que l'on profite de l'argent malhonnêtement gagné et croit au jugement divin. Il cherche le tombeau de Phameas depuis vingt ans.

Lorsque je voulus rentrer, une hyène me barrait le passage. Je reconnus la grosse bête qui se tenait d'ordinaire à l'écart des autres et ne parut pas, ce soir-là, particulièrement aimable. Le tout était de savoir jusqu'où allait la familiarité ; nous nous étions habitués à la présence des hyènes, mais que pensaient-elles de la nôtre ?

Elle ne bougeait pas et me regardait fixement. Je fis « hou, hou » mais sans succès, j'agitai les bras, je jetai une barre de céréales qui vieillissait dans une poche, mais la hyène continua à me fixer. Son immobilité avait quelque chose de prémonitoire ; peut-être se demandait-elle par quel bout elle allait commencer. La nuit tombait, le froid avec elle, je n'avais pas de réseau pour appeler au secours. Soudain, la hyène bondit sur ma gauche entre deux rochers. Lorsqu'elle se recula, je vis qu'elle tenait dans sa gueule une de ces renards des sables qui sont si attendrissants. Tout à fait celui de Saint-Exupéry. Le renard me regardait, la hyène aussi, assez fière de son agilité. Je tâchai de lui faire lâcher prise en refaisant « hou, hou », mais elle se retira derrière les rochers. Je me bouchai les oreilles pour ne pas entendre les couics, couics du renard et filai lâchement vers la base. Au bout de dix minutes je sentis qu'on trottait près de moi. C'était la hyène qui s'en retournait après son dîner et se considérait comme membre de la grande famille du camp. De ce point de vue, Saint-Exupéry ou pas, elle avait parfaitement le droit à un bout de causette. Tandis qu'elle me manifestait sa sympathie en faisant des petits bonds réjouissants, la nuit nous rattrapa. Je n'avais pas de lampe et lorsque les phares d'un véhicule m'éblouirent, j'eus le temps de crier : attention ! Mais le 4 × 4 passa sur la hyène avec ce bruit de carrosserie caractéristique.

Dans la pénombre je pus voir qu'elle était morte, roulée sur elle-même pour se protéger en vain de ce qui pourrait suivre.

Ben était au volant. Il fit demi-tour, se précipita et se mit à me tripoter pour voir si je n'avais rien. La hyène ne lui arracha qu'un cri de dégoût ; elles rencontrent rarement la faveur du public.

— Quelle chance tu as ! Quand je pense que tu allais être dévorée par ce monstre affamé ! Un coup de volant à droite, un coup de volant à gauche et hop ! Bingo ! Tu es sûre que tu n'as rien ?

Je répondis tristement que la hyène était tout ce que l'on voulait – je pensais au petit renard – mais certainement pas affamée. Après cela il fut impossible de convaincre Ben que j'avais été parfaitement en sécurité ni que nous n'étions pas faits l'un pour l'autre ; il m'avait sauvé la vie et donc me consacrerait la sienne. Au fond, c'est plutôt une comédie qu'une tragédie, vous ne trouvez pas ?

— Il n'y a que des comédies, Calliope. Les tragédies sont des comédies qui se prennent au sérieux, comme la plupart des gens. Regardez votre Ben ; il croit vous avoir sauvé la vie ; donc elle lui appartient. J'ai lu dans un rapport de l'Unesco que l'instinct de propriété ne cesse de se développer chez les jeunes de 15 à 35 ans. Ils veulent tous acheter un appartement.

— Oui, mais tout de même… Dans les tragédies, l'héroïne meurt.

— Parce qu'elle est condamnée avant d'entrer en scène. Ça s'explique par la religion de l'époque ; au dix-septième siècle on ne pouvait laisser des personnages se livrer à des turpitudes sans qu'ils soient punis à la fin de la pièce par le jugement divin auquel croit le professeur Brose. Alors qu'en fait tout l'Olympe a mauvais esprit. C'est une comédie et l'Antiquité avec elle. Ils datent d'avant le péché originel. Vous êtes Calliope ; soyons antiques. Ralliez-vous aux dieux grecs et romains. Moi, j'y crois… Ils vivaient à distance, ils se mêlaient peu des affaires des hommes, sauf quand ils s'ennuyaient. Des lubies, des caprices. L'envie des femmes. Et puis les dieux étaient partout les mêmes, de la Mésopotamie à Gibraltar. En tant que fonctionnaire de l'ONU je regrette bien que ce ne soit plus le cas ; ça facilitait les relations internationales et c'est pratique en voyage ; pour moi qui reste rarement en place, il est réconfortant de voir la divinité dans le vent, la mer ou les montagnes, sans compter ce bon vieil Hermès dont je me sens si proche. Vous me direz qu'à côté des comédies, il y a des drames. Mais les drames, c'est net, c'est franc, c'est carré ; ça nous échappe. On n'y peut rien. Si la hyène vous avait dévorée, ç'eût été un drame ; elle a choisi le renard, c'est une comédie.

— Pas pour le renard.

— Oh, peut-être la hyène en avait-elle assez de Saint-Exupéry ? Elle aura voulu avoir elle aussi sa place dans le désert. C'est bien légitime, à la longue.

— Je ne sais jamais quand vous êtes sérieux. Mais j'ai été la seule à rire de mon aventure et je n'ai plus cessé d'avoir Ben dans les pattes. D'abord le soir sous ma tente ;

j'ai fini par dire oui. Cela lui semblait la juste récompense de son acte héroïque. Et à propos d'appartement, ensuite, il emménagea chez moi ; et maintenant je l'aurai pour toujours dans les pattes. Je suppose que je le savais sans vouloir me le dire. Vous êtes très très calé, Munzu.

— Vous voulez dire que j'ai appris à ne pas me tromper ? Un peu tard, sans doute, mais pour vous, c'est le bon moment. Laissez-le dans son wagon-bar. En sautant du train, vous pourrez toujours attraper l'express de Prague. Si vous n'avez pas ce qu'il faut, Améchanie viendra à votre secours. Je suis Hermès, je vous enlève. Après tout, ne sommes-nous pas deux réfugiés ? Nous ne pourrons pas dîner ensemble, mais mon chauffeur vous emmènera à l'aéroport. Il y a un bon vol pour Paris. Songez au cher professeur Brose, aux sables du désert, sans compter que c'est la pire période de l'année pour aller à Venise ; la pauvre cité est envahie par les hordes barbares. On s'y croirait au temps des Goths. N'y allez pas avec votre géomètre. Je crois que cet amour vous décevra et les chagrins d'amour ont perdu tout attrait à Venise. On y entend trop Thomas Mann réclamer le silence. Faites-vous rembourser votre billet et gardez Venise pour un vrai train et un véritable amour.

— Vous alors ! dit la jeune femme en riant. Mais pourquoi ne pas dîner avec moi ? Je ne vous plais pas ?

— Vous me plaisez plus que je ne saurais le dire mais j'ai renoncé à l'amour. Et pour être honnête… ne m'avez-vous pas dit, en précisant que vous étiez encore étudiante et pas tout à fait archéologue, qu'il faut être honnête ? Alors soyons-le ; mon histoire n'est pas tout à fait terminée. J'ai peur qu'il ne lui manque la fin et qu'elle ne soit pas à mon avantage. Je vous ai dit que j'avais eu une idée, une idée merveilleuse, magique, qui ferait disparaître Phili. Et c'est bien ce qui s'est passé : elle a disparu. Elle figure même sur la liste officielle. Et pour cause ! En discutant avec ses ravisseurs, je leur ai proposé de payer la rançon qu'ils demandaient, mais pas pour qu'ils me la rendent ; pour qu'ils la gardent. Ils ont fait comme vous, ils ont écarquillé les yeux ; mais quand je leur ai expliqué que je paierais pour que Phili soit bien traitée et qu'elle ne manque de rien, à condition, bien sûr, qu'ils la retirent de la circulation, ils ont admis qu'il s'agissait d'une diversification intéressante dans l'histoire du kidnapping.

L'affaire a très bien marché ces sept dernières années et à l'exception de mes versements réguliers pour régler sa pension, je ne me suis plus jamais préoccupé de Phili. On m'a fait savoir de temps à autre qu'elle allait bien et que son sens de l'organisation avait trouvé à s'employer. Il est arrivé qu'on réclame un supplément pour qu'elle aille chez le chirurgien esthétique ou parce qu'elle avait envie d'une édition originale du *Gai Savoir* – elle avait appris le moldave – mais pour être franc, je l'ai complètement oubliée jusqu'à hier.

Il y eut une autre secousse, et cette fois, une série de pets dans la tuyauterie. Le wagon sembla émerger d'un sommeil brejnevien et les pampilles des petites lampes, sur les tablettes, clochetèrent avant que la vieille bête ne replonge dans sa léthargie.

— On nous fait attendre, dit le diplomate astucieux. J'ai vu passer deux véhicules de la police. Sans doute une affaire d'armes ou de drogue ; en y repensant je ne vois pas d'autre raison à la création de cette ligne jusqu'à Venise. J'imagine que les touristes servent de diversion. Les flics locaux agissent probablement pour un gang rival qui va récupérer la marchandise ; c'est une autre industrie compétitive. Ils vont nous laisser en plan le temps de mettre leur butin en sécurité, puis ils reviendront pour une fouille et d'interminables ennuis avec la douane. J'espère que Ben ne transporte pas de substances illicites ni quoi que ce soit de suspect ; pour ma part je n'ai qu'un exemplaire du *Choc des civilisations* d'Huntington. Mais peut-être me laissent-ils seulement le temps d'en finir avec l'histoire de Stella avant de nous tomber dessus ; ils ont un côté très prévenant, pour des Slaves.

Donc tout allait pour le mieux, et hier encore le souvenir de Stella était pour moi une plage chaude et ensoleillée de ma vie, une de ces affiches où une jolie fille nous incite à la fois aux voyages et à l'optimisme, deux catégories qui ne vont pas toujours ensemble. Mais ce matin j'ai reçu un appel du bureau de Prague, me disant qu'on avait trouvé ma femme errant sur un quai de Marielo, en Morénie, un billet de vingt dollars à la main ; que fallait-il en faire ?

De toute évidence elle s'était enfuie, ou ses ravisseurs l'avaient libérée ; je penche pour la deuxième solution. Ils ont dû en avoir assez de l'avoir sur le dos. On ne peut guère leur en vouloir ; pour ma part, je n'aurais pas tenu sept ans. Enfin, telle que je connais Stella, elle m'attendra ce soir à Prague sur le quai de la gare avec une de ces paires de lèvres que les Moldaves copient toutes les unes sur les autres et je vous avoue que je ne sais vraiment pas comment m'en sortir.

— Faites comme moi, débinez-vous, dit Calliope. À mon tour de vous retourner le compliment. Votre copain bien placé doit sûrement pouvoir vous trouver une autre guerre à l'autre bout de la planète, un de ces trucs oubliés dont même mon téléphone ne sait plus qu'ils existent. Là, vous pourrez vous perdre pendant des années.

— J'y ai pensé, dit le diplomate égaré, et d'ailleurs je m'attends à être envoyé à la frontière iranienne ; les mollahs vont enfin prendre sur la tête ce qui leur pend au nez depuis trente ans. Mais il y a un hic. Une formalité, vous savez ce que c'est quand on a de l'honneur. Pour payer l'entretien de Stella durant sept ans, j'ai dû avoir recours à son propre argent, ce qui, après tout, peut se défendre. Il était temps qu'elle mette ses convictions en pratique et participe aux besoins du ménage ; j'ai donc imité sa signature sans scrupule excessif. Je suis capable de feindre vingt-quatre heures la joie de la revoir, mais je me demande encore comment je vais expliquer un trou d'un million huit cent quatre-vingt-dix mille dollars dans ses comptes. Ah, cette fois, nous repartons.

Le train s'ébranla et traversa sans encombre la grande plaine blanche et noire. Ils ne parlèrent plus jusqu'à la prochaine gare mais tandis qu'il aidait la jeune femme à monter dans l'express de Prague, Munzu Munzu dut faire un effort pour se rappeler qu'il avait définitivement renoncé à l'amour.

DU MÊME AUTEUR (suite)

romans (suite)

Les Dormeurs, Grasset.
La Tombe de mon père, Grasset.
Police d'assurance, Grasset.
Richissime, Grasset.
Sanctissima, Grasset.
Le Mâle blanc, Grasset.
Le Sac de Rome, Grasset.
Le Diable bat sa femme, Grasset.

nouvelles

Elle a maigri pour le festival, Fayard et Livre de Poche.
Vous trouvez que je suis trop grande ?, Fayard et Livre de Poche.

chroniques

Un mauvais sujet (Chronique 1993-2003), Fayard.
Pause I, L'enfance de l'art, Fayard.
Pause II, La lutte des classes, Fayard.
Pause III, La fin des journaux, Fayard.

autres

La Chute de la maison Giscard, J.-C. Lattès.
L'Affaire Poivre, Stock.
Le Roman de l'Argent, Albin Michel.
Manicamp : Mitterrand s'en va, Plon.
L'Amoraliste, Fayard.
Bernard des Saints-Pères : Dîners en ville, Plon.
Bernard des Saints-Pères : Mes nouveaux dîners en ville, Plon.
Un beau crime, Fayard et Livre de Poche.
Manicamp : Les 40 valeurs, Plon.
Manicamp : Chirac s'en va, Grasset.
Rumeur, sexe et affaires d'État, Grasset.

Cet ouvrage a été achevé d'imprimer sur Roto-Page
par l'Imprimerie Floch à Mayenne
pour le compte des éditions Grasset
en septembre 2024

Mise en pages
PCA 44400 Rezé

PAPIER CERTIFIÉ

Grasset s'engage pour l'environnement en réduisant l'empreinte carbone de ses livres.
Celle de cet exemplaire est de :
250 g éq. CO_2
Rendez-vous sur
www.grasset-durable.fr

N° d'édition : 23299 – N° d'impression : 105236
Dépôt légal : octobre 2024
Imprimé en France